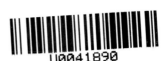

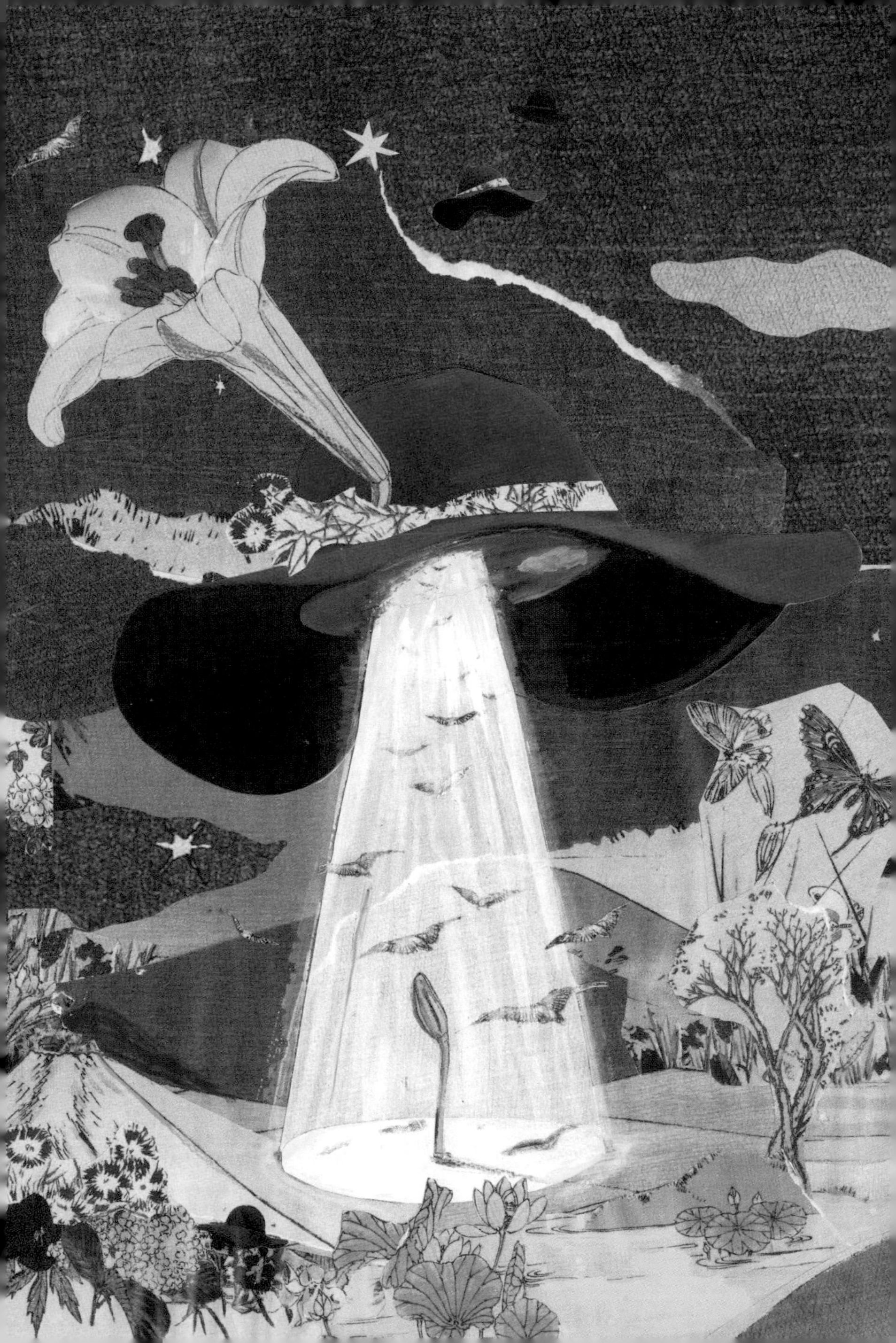

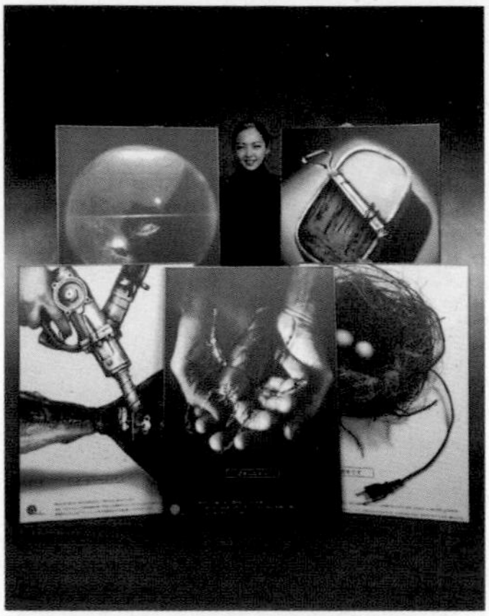

3

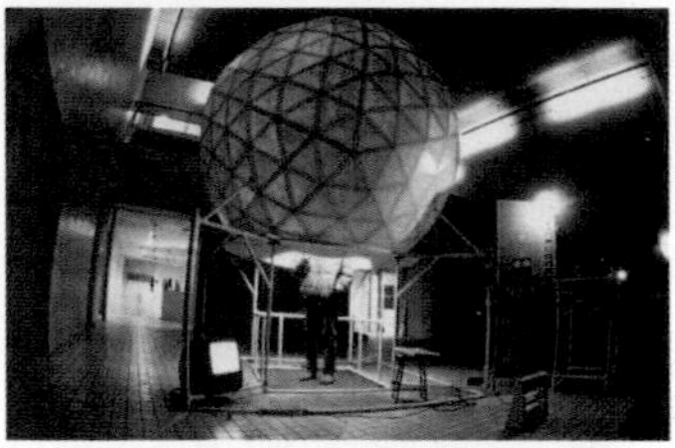

4

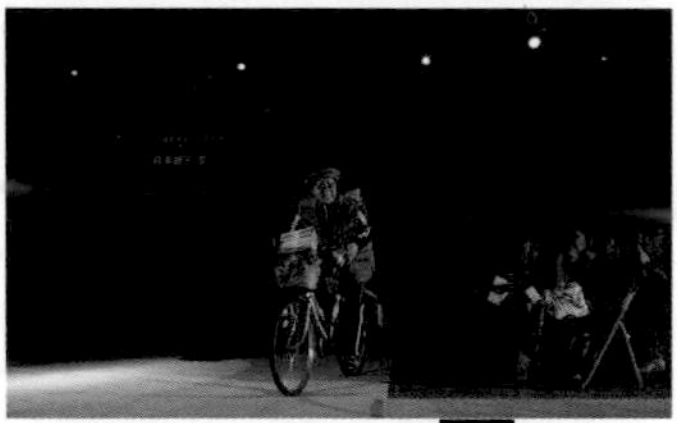

5

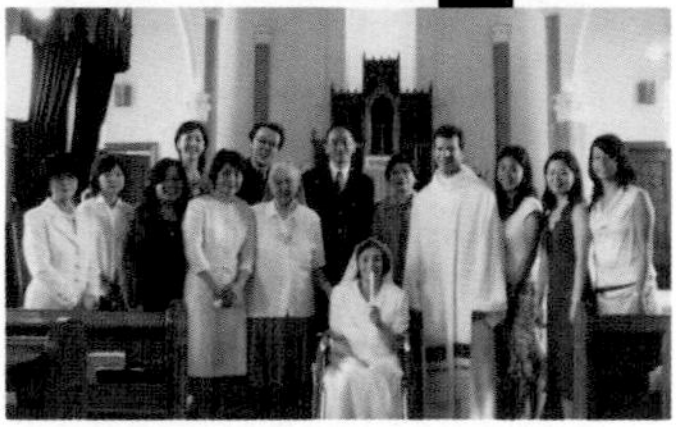

6

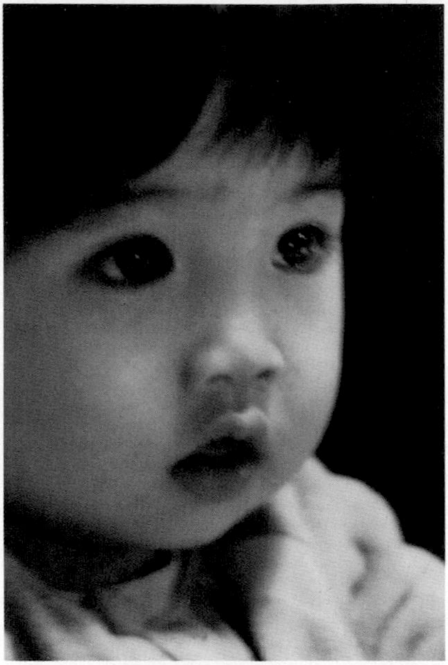

1

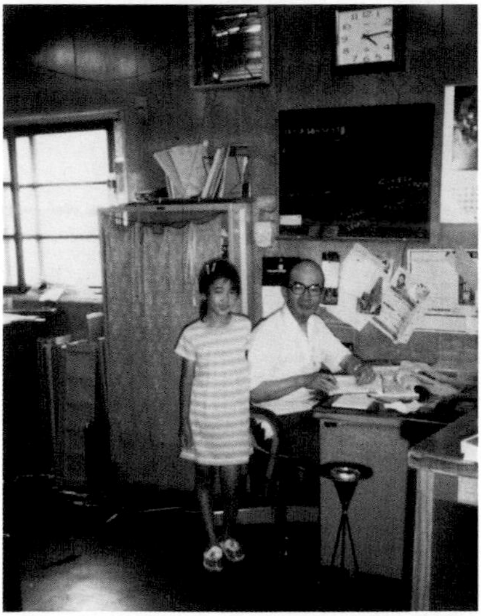

2

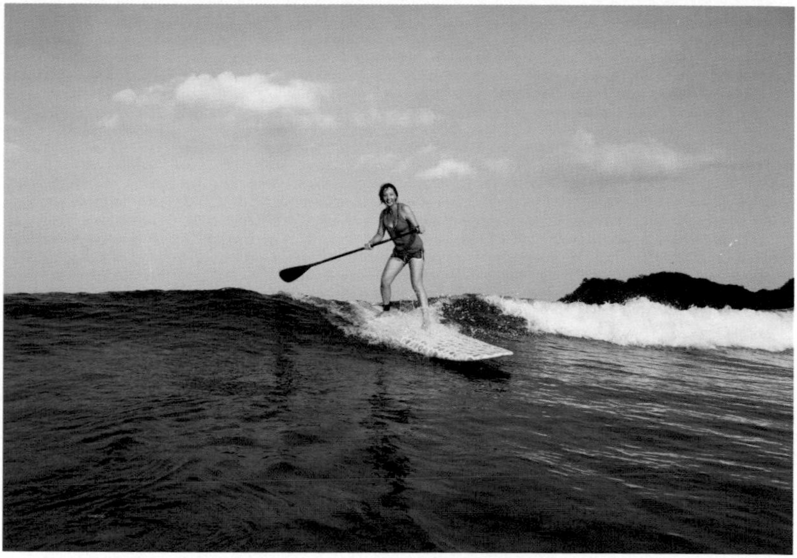

7

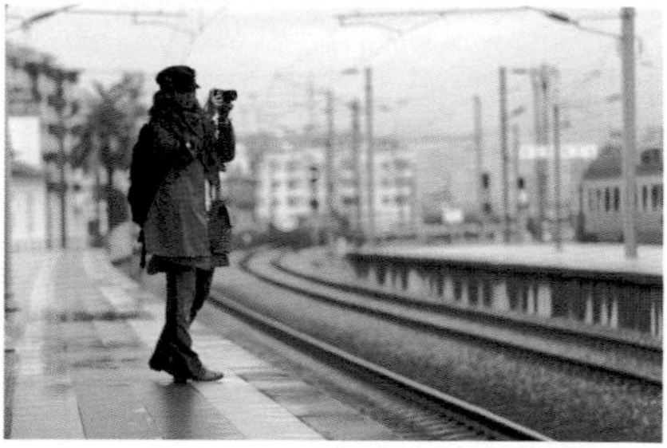

8

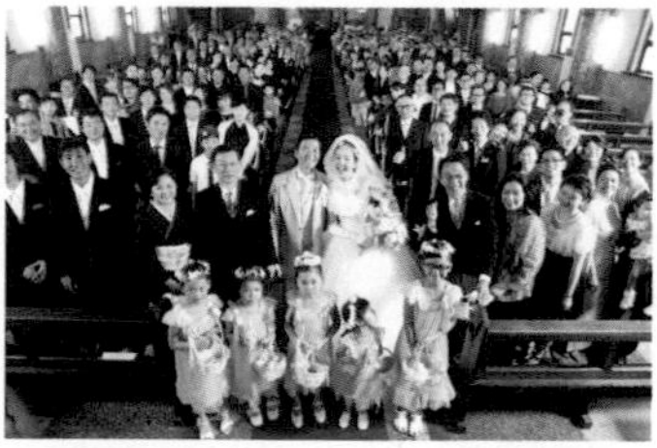

9

1. 害羞怕生的幼年時期（1978）／2. 和祖父攝於裁縫工房（1980）／3. 20 歲成人禮的照片（1997）
4. 畢業作品「Line Machine」（1999）／5. 任何時候都全力支持我的父親（2003）
6. 祖母在教堂的受洗儀式（2006）／7. 透過衝浪，和水融為一體（2012）
8. 自己親自上陣演出「無反光鏡相機 EOS M bay blue」TV-CM（2013）佳能
9. 再結新緣分的結婚典禮（2014）

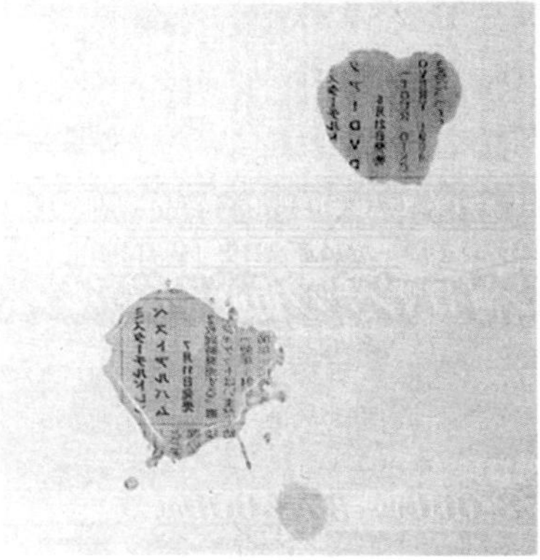

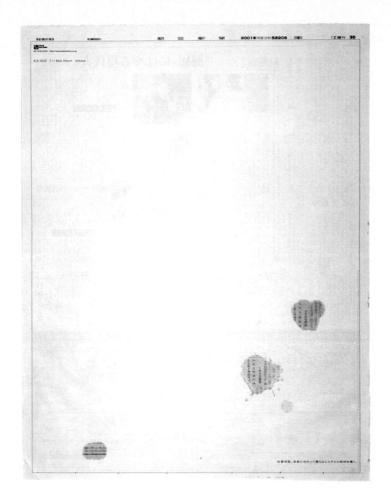

「日常當中的偶然能夠產生奇蹟。

平凡無奇的日常信息，有時候能夠改變人生。」

Mr.Children「1992-1995」「1996-2000」報紙廣告「水滴」(2001)

OORONG-SHA/TOY'S FACTORY

當我正在尋找專屬報紙廣告的創意時，

偶然見到父親滴在報紙上的飲料痕跡，而得到這個靈感。

任職博報堂時期，第一次製作的報紙廣告。

summer tour from 7.14
©TOY'S FACTORY

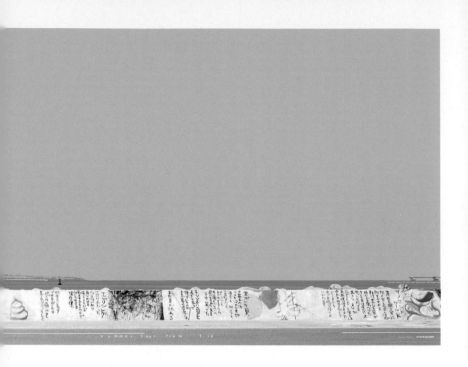

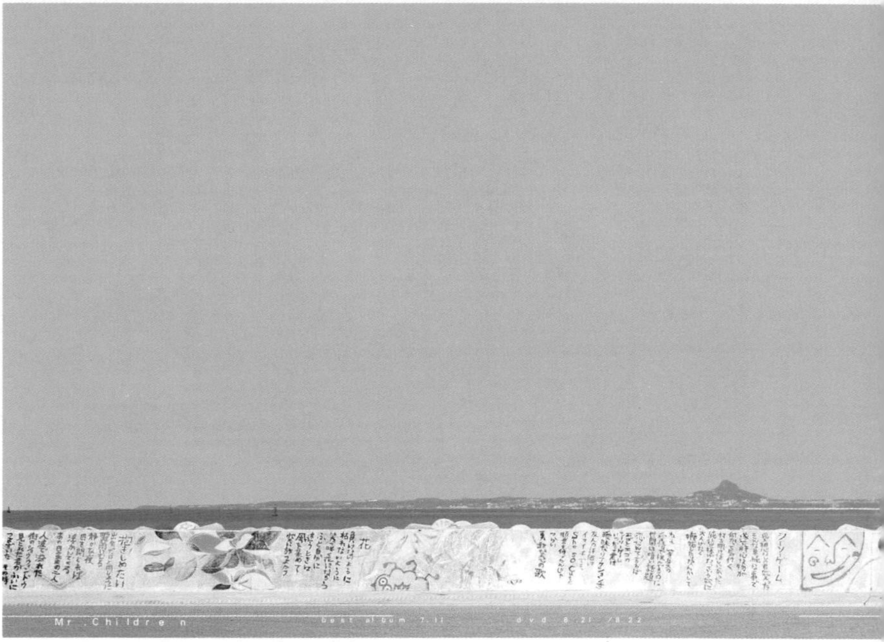

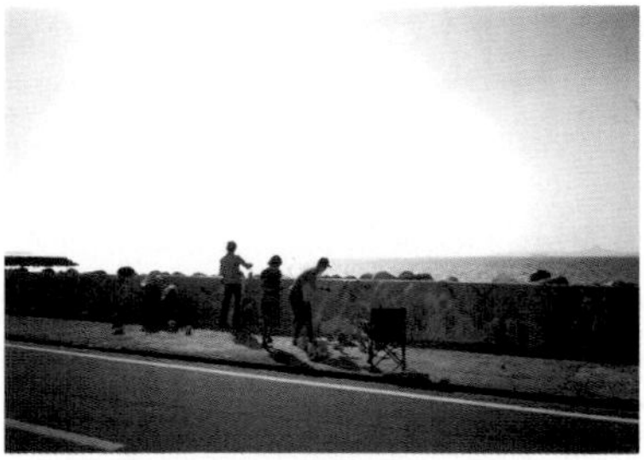

當我看到這張照片，照片中拍攝到不知名人士在沖繩的防波堤上作畫題詩。
我體認到在平凡無奇的景色當中，總是存在著歌曲。

Mr.Children「1992-1995」「1996-2000」海報「防波堤」(2001)
OORONG-SHA/TOY'S FACTORY
「我想和作畫的人一起描繪歌詞」，所以拍攝地點選在沖繩。

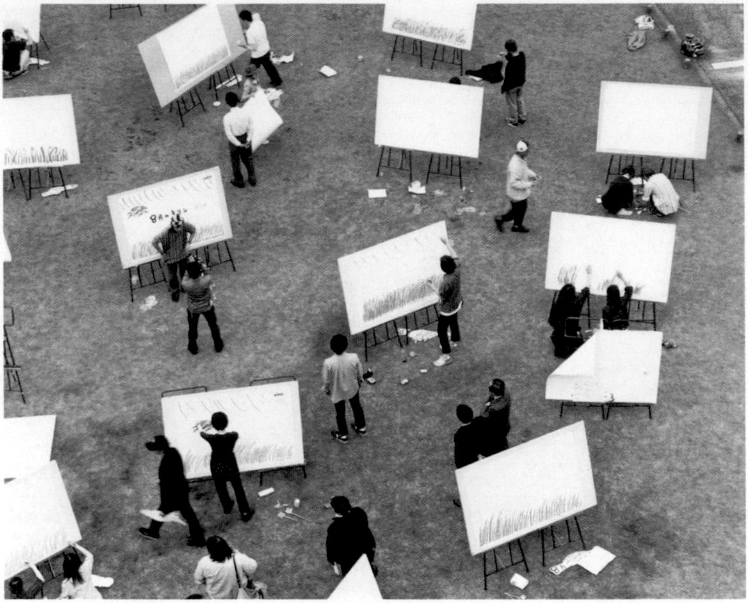

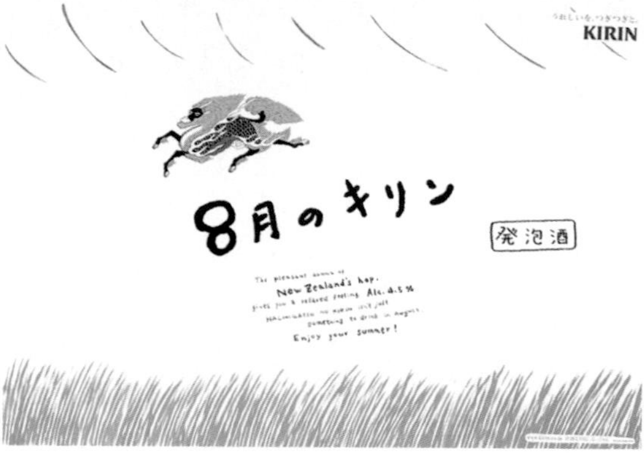

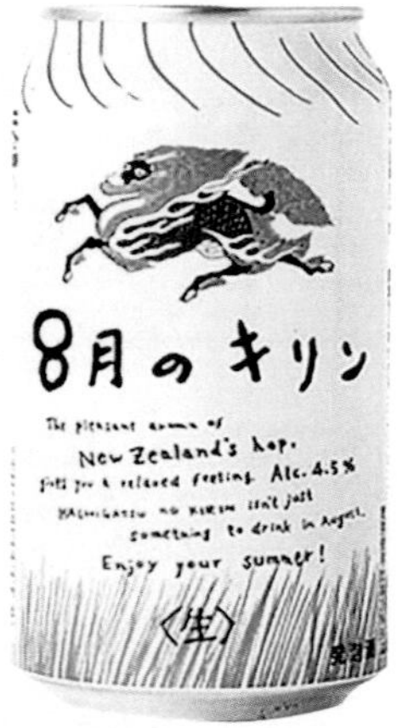

「廣告的委託製作，第一步就是了解『廣告的心情』。
如何感受客戶所擁有的印象，並設法加以運用，非常重要。」

「8 月麒麟」商品包裝／海報／短片（2003）麒麟啤酒

接下夏天限定的發泡酒包裝工作時，我首先感受到微風吹過的印象。
完成作品也確實呈現出「風」的感覺以及「心情」。
「8 月麒麟」不僅止於包裝和電視廣告，後來還發展出故事，編輯成書，
所用音樂推出 CD 專輯，甚至還舉辦展覽。

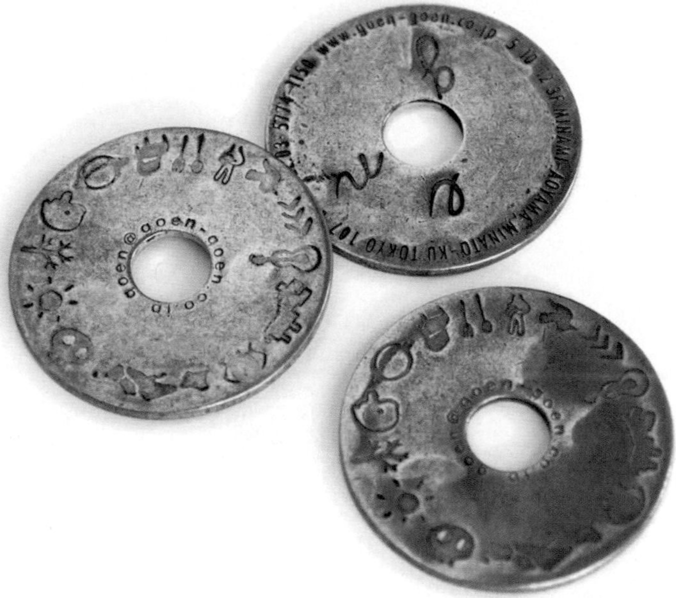
goen@goen-goen.co.jp
www.goen-goen.co.jp
MINAMI-AOYAMA MINATO-KU TOKYO 107

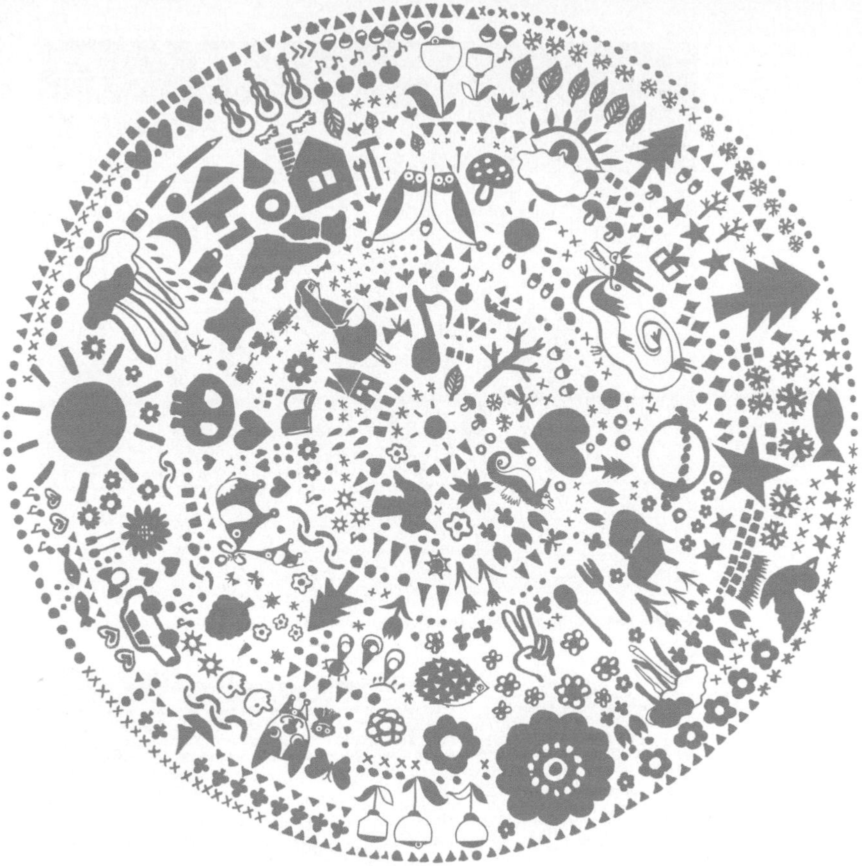

「所有的相遇都不是單純的相遇，
而是一個又一個的奇蹟，就是『御緣』。」

「goen° 標誌」與「goen° 硬幣」（2007 ～）

2007 年，融合 goen° 的概念「藉著相遇，實現夢想，為人搭起溝通的橋樑」，
我打造出有人、大自然、五感、樂器、動物、食物、物品的圓形標誌，
並加入春夏秋冬各種場景，運用曼陀羅的風格繪製出上方的「goen° 標誌」。
右頁的「goen° 硬幣」會親手送給第一次見面的人，表達「珍惜因偶然產生的必然緣分」。

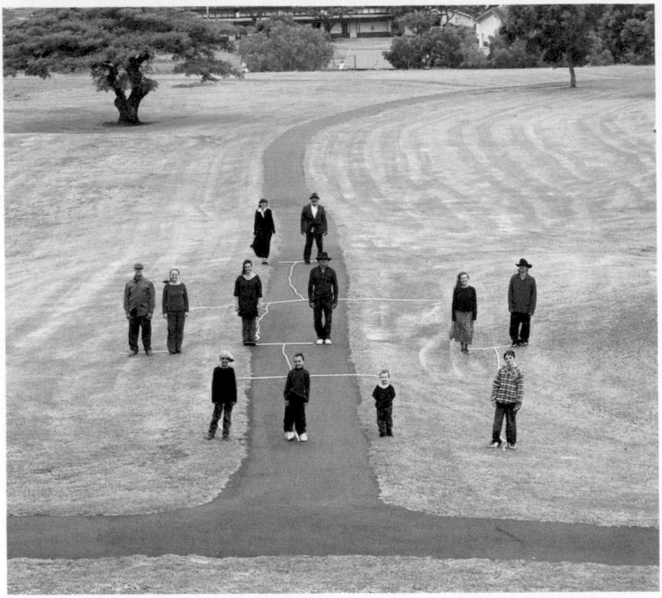

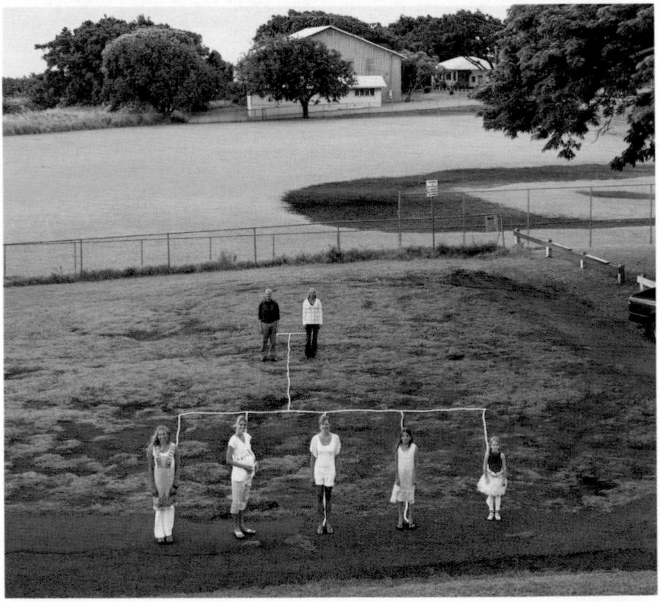

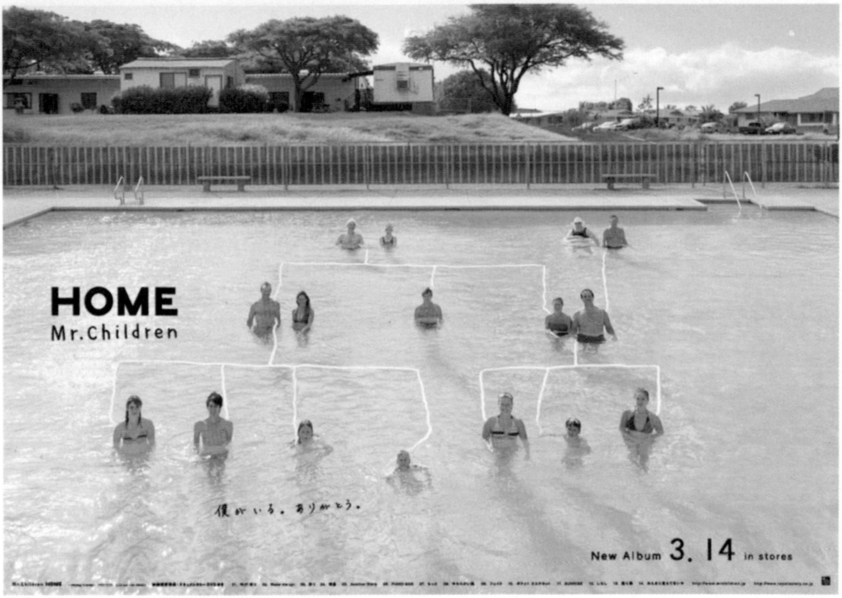

「當祖母和所有家人齊聚時，
我領悟到如果缺少現場的任何一個人，就不會有我的存在。」

Mr.Children「HOME」(2007) OORONG-SHA/TOY'S FACTORY

第一次為 Mr.Children 設計的專輯封面。
根據主唱櫻井和壽的話「人體結構的七成是水」，嘗試了各種設計。
我參加祖母在教堂的受洗儀式，和家人親戚一起觀禮。
因而想出「HOME」所打造「存在於此」的主題。

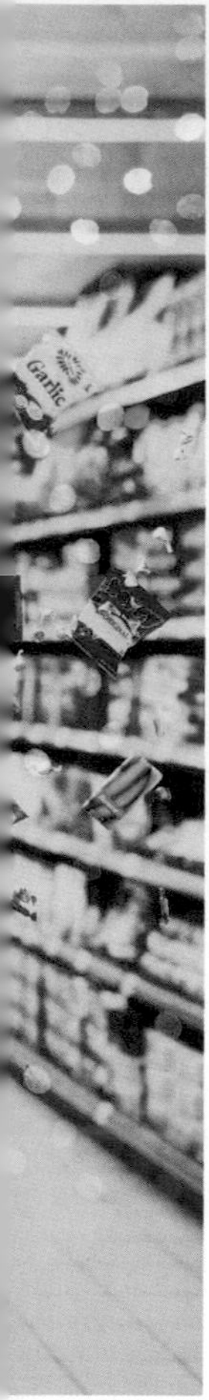
Garlic

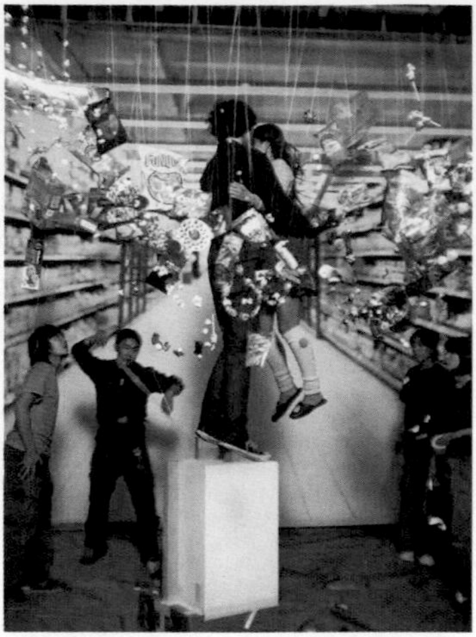

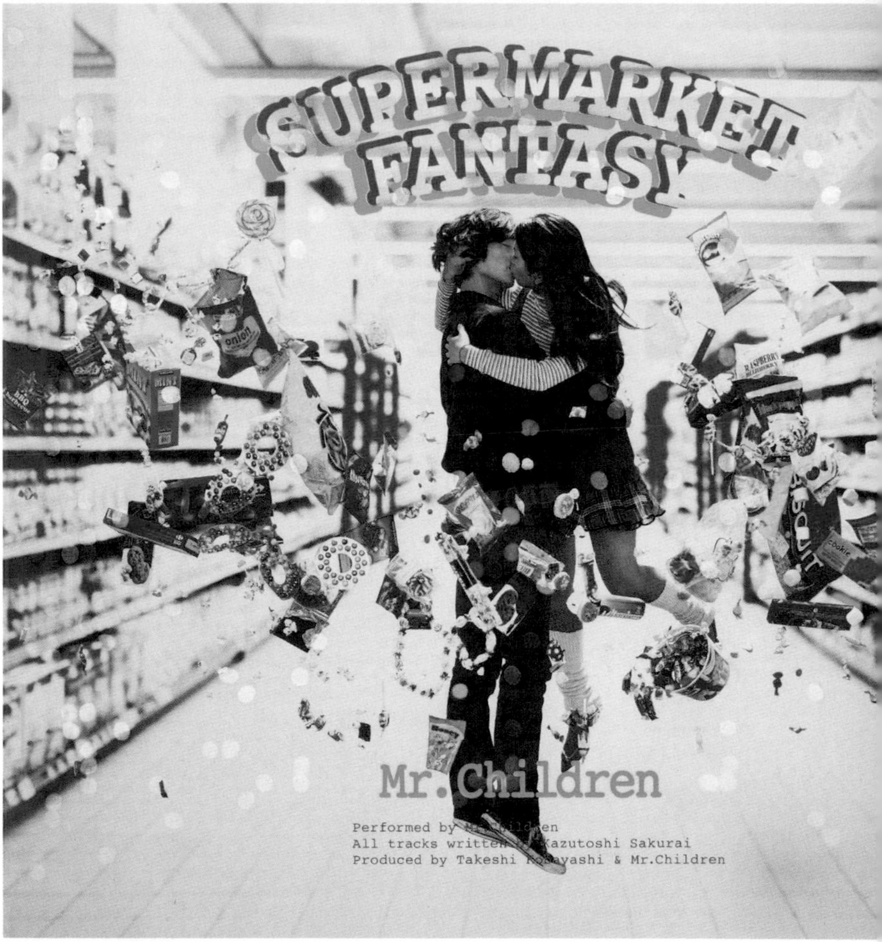

「在人們往來交錯的這座消費空間——
超市當中，我覺得更適合運用夢幻風格加以表現。」

Mr.Children「SUPERMARKET FANTASY」(2008)
OORONG-SHA/TOY'S FACTORY

接到專輯封面的委託時，專輯名稱尚未決定。

可是，我相信歌曲當中一定滿載歌手想要表達的訊息，所以專輯歌曲我一聽再聽。

聽歌的時候，我感受到想在日常生活當中追求奇蹟的衝動。

我為簡報取名為「SUPERMARKET FANTASY」，結果直接採用為專輯名稱。

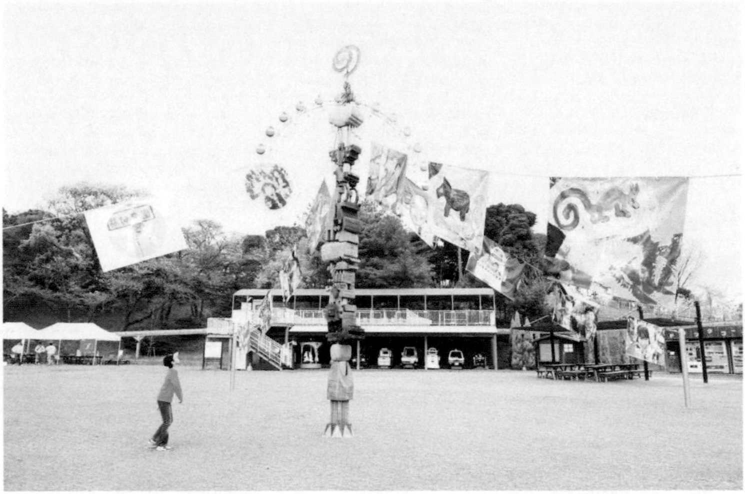

「我想要提出附近居民
和動物園能夠溝通連結的新活動方式。」

「動物 goen°」(2009 ～)到津森公園
我對北九州市公園的理念
「打造有利自然、動物、人類的設施」，深有同感，
於是產生了「動物 goen°」的企畫想法。

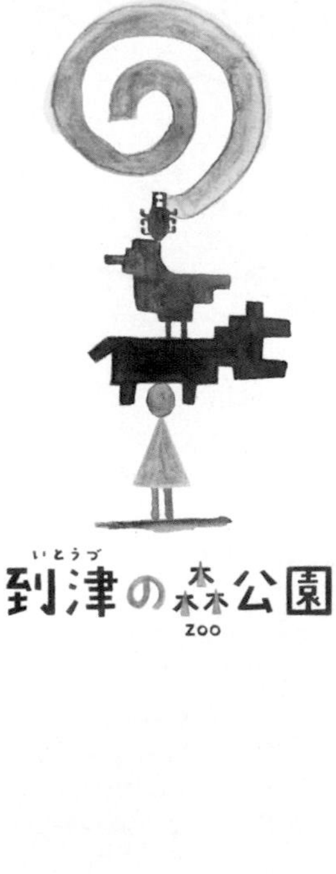

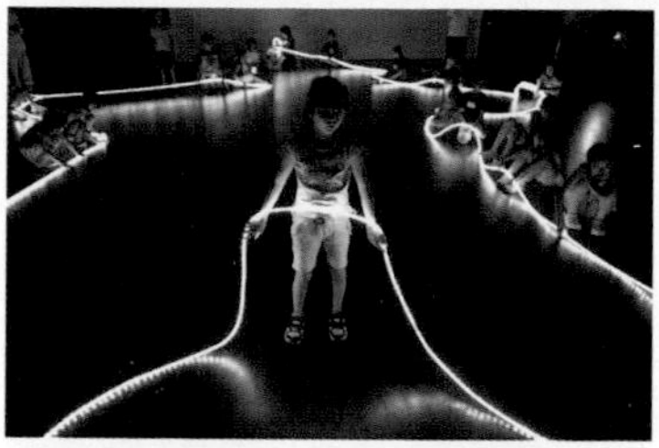

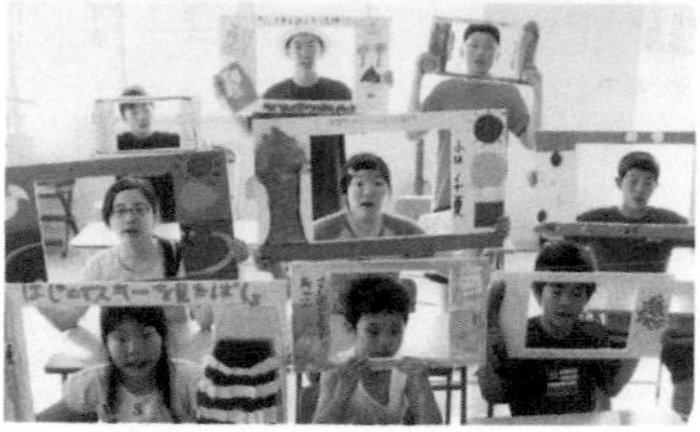

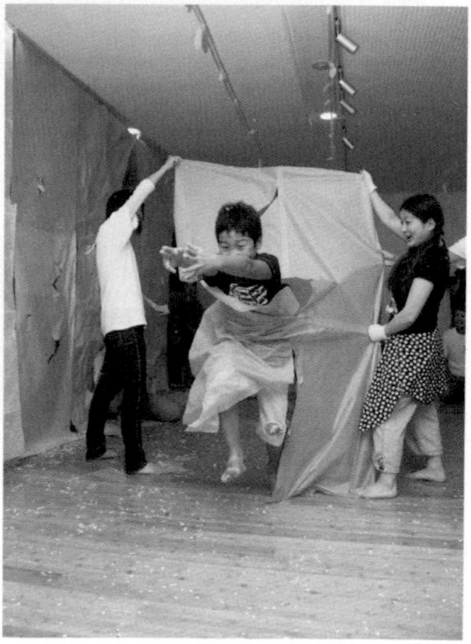

「工作坊是誘發人類向前邁進的隱形力量，設計並建構人類的想像力。」

coen°（2008～）

每個月舉辦以兒童為對象的 coen°。

大家共同思考「要做什麼」，然後再一起動手做。

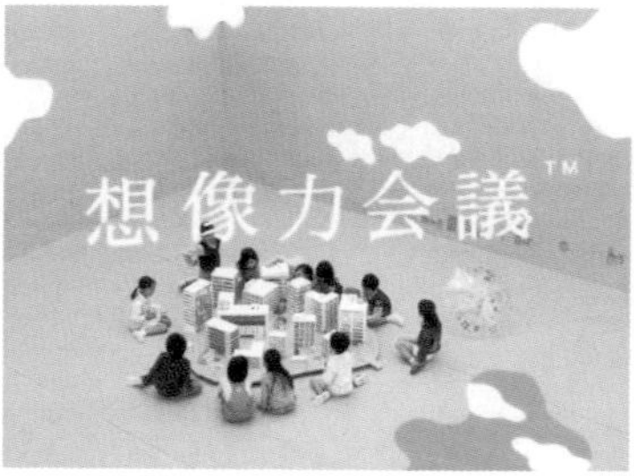

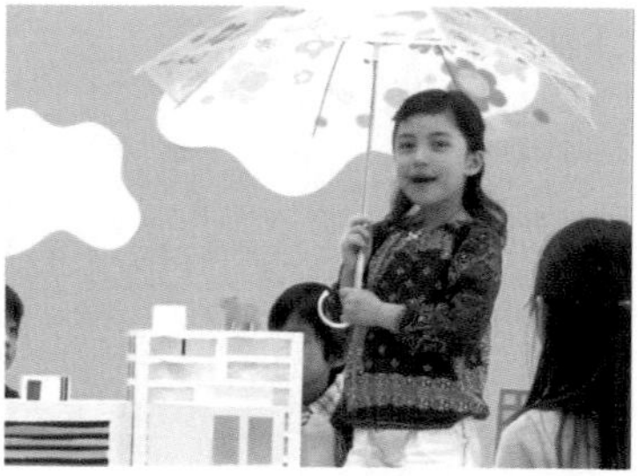

「相較眼前看得見的部分，前面各個階段的環境更為重要。」

三菱地所「想像力會議」篇 TV-CM（2008）

我不僅製作廣告，包括人的想法、公司體制等從內部改變的部分，我也會參與。

「大人也一起開始想像未來」，所以，當時的三菱地所社長以及各單位員工都共同參與。

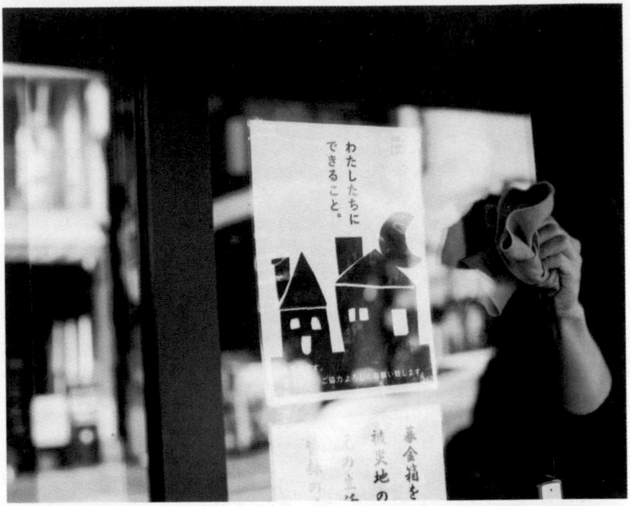
わたしたちに
できること。
募金箱を
被災地の

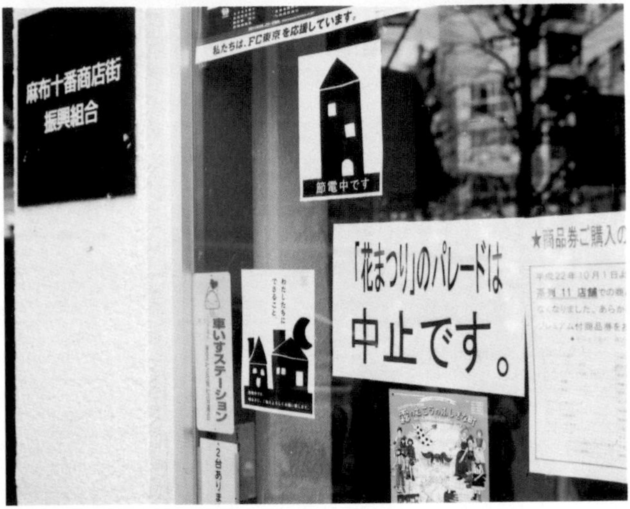
麻布十番商店街
振興組合
私たちは、FC東京を応援しています。
節電中です
わたしたちに
できること
車いすステーション
「花まつり」のパレードは
中止です。

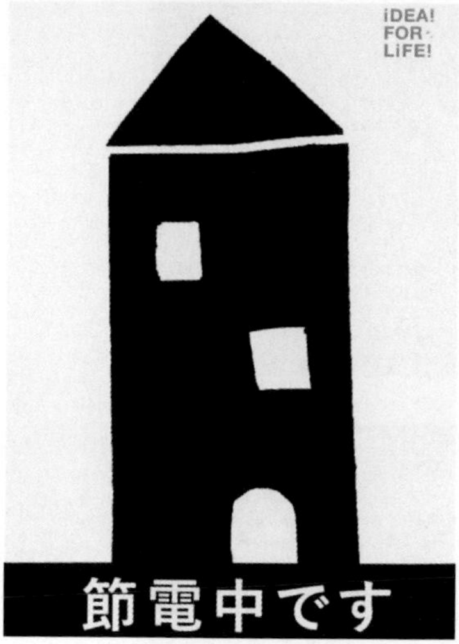

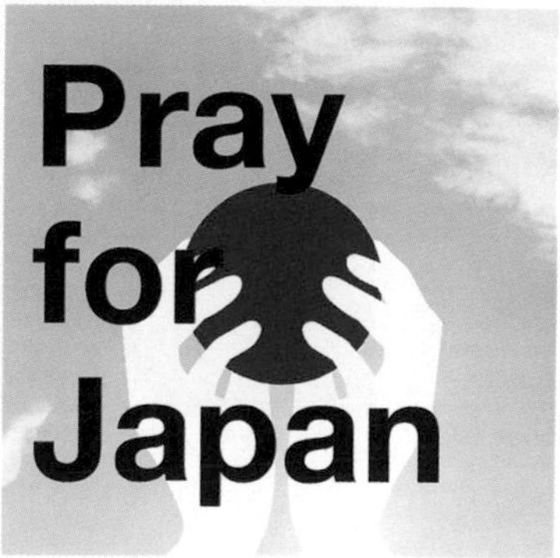

「第一次感受到提供給人們真正需要的，
第一次感受到訊息能夠真正傳遞到位。」

「Pray for Japan」「目前節約用電中」（2011）
在三一一東日本大地震之後，
提供全世界各地都能夠自行下載、印刷、使用而設計的「Pray for Japan」標誌，
以及能夠貼在首都圈的店面或企業「目前節約用電中」標示。
實際使用的人確實非常多，讓我再一次意識到創作的重要性。

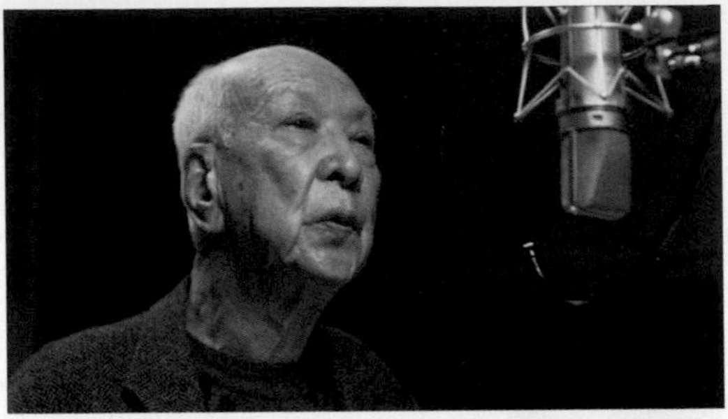

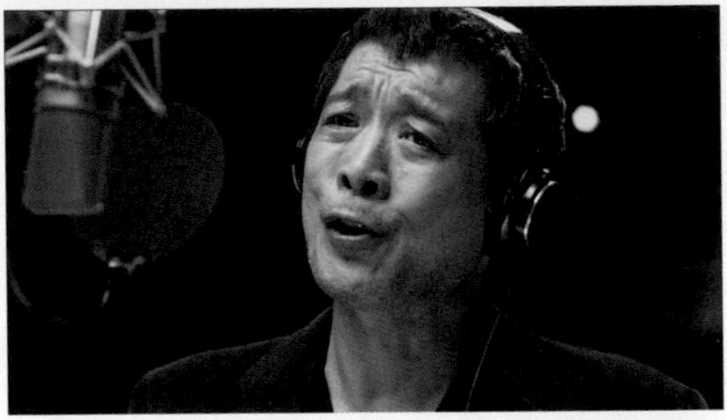

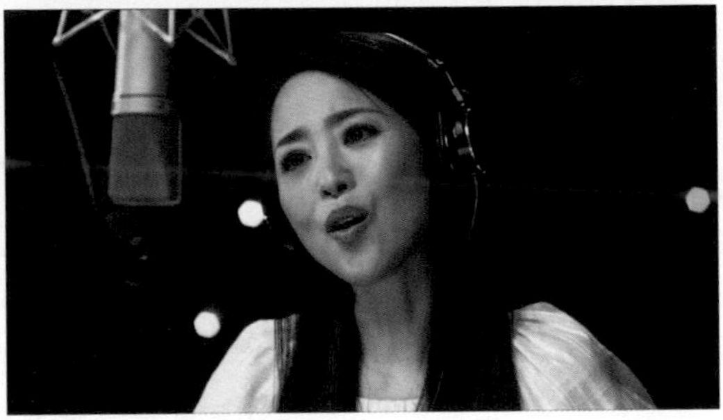

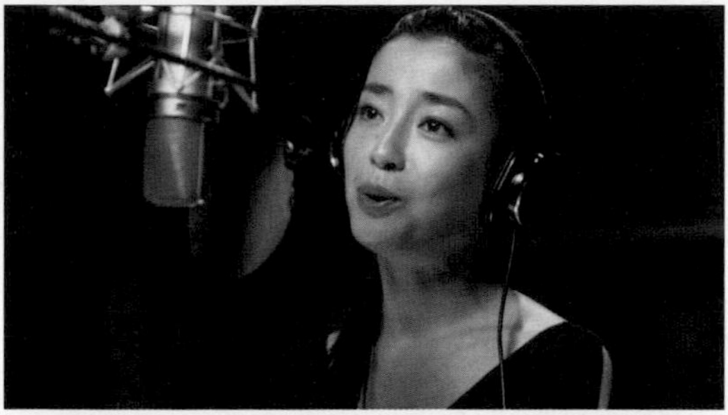

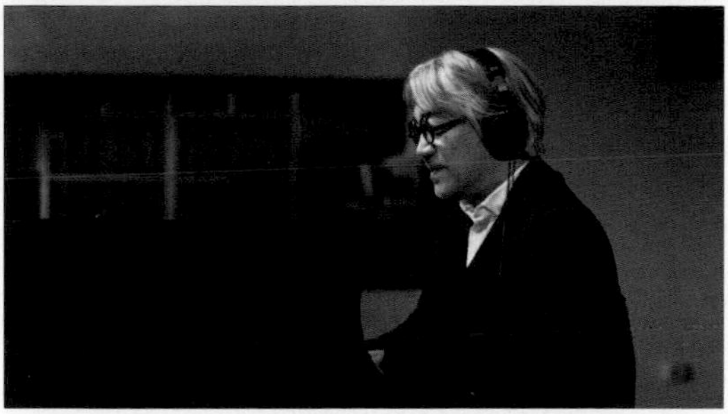

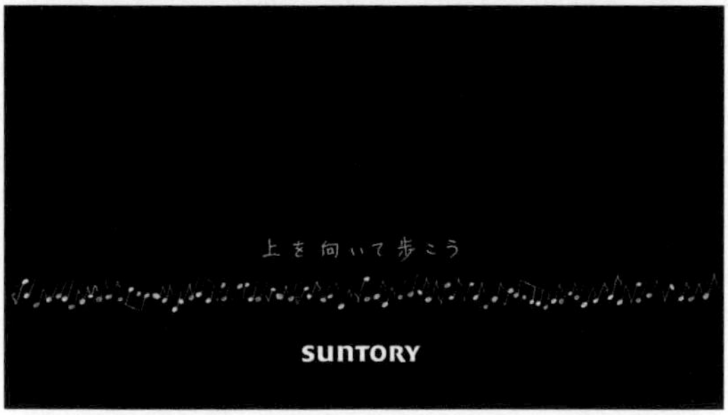

「我了解『任何時間，任何狀況，自己都想繼續創作連結人和人之間的作品』。」

「歌唱接力」TV-CM（2011）三得利

在東日本大地震發生之後，因為媒體紛紛自制，CM 從電視螢幕上消失，
為了節約用電，也自動取消現場表演，大街小巷聽不到任何音樂。
在這樣的狀況當中，我促成三得利旗下簽約的 71 位藝人錄製「歌唱接力」，
唱出〈昂首向前走〉和〈昂首望夜空的星星〉。

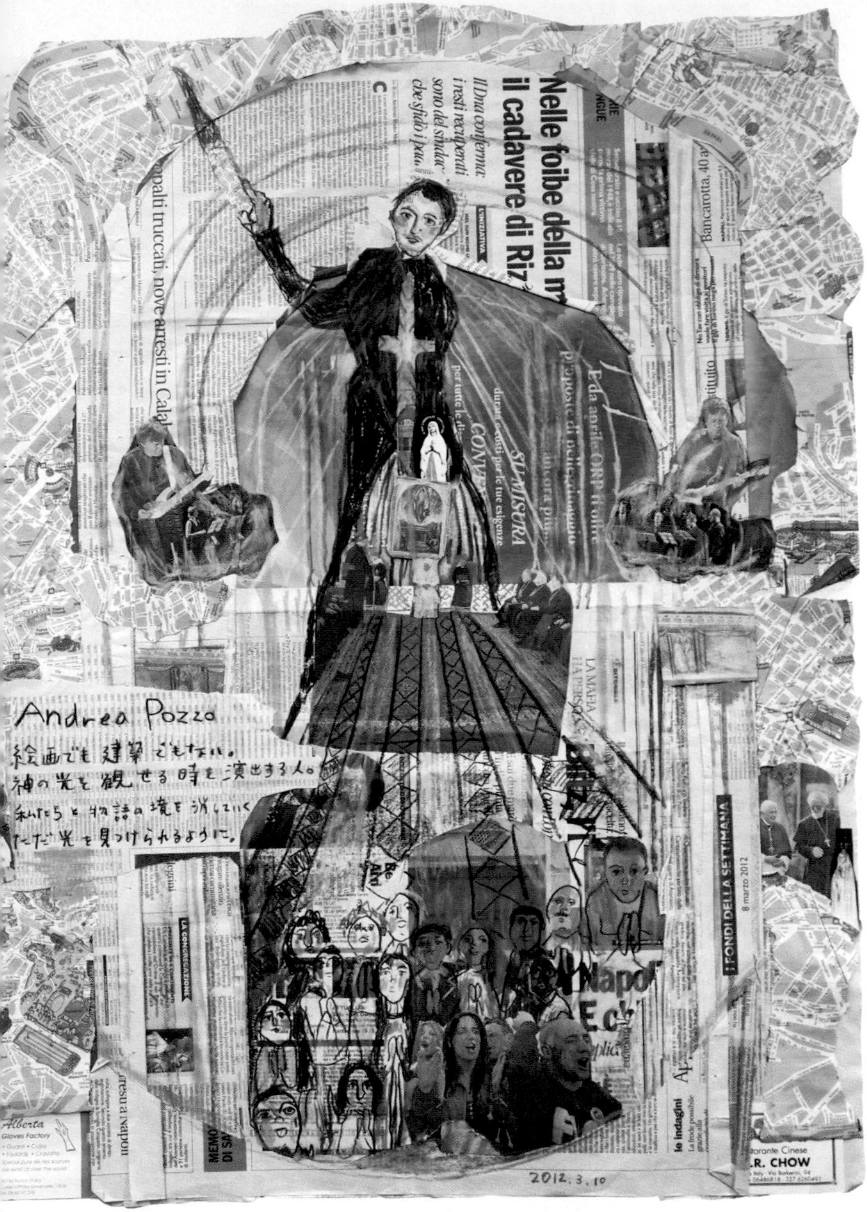
Andrea Pozzo
絵画でも建築でもない。
神の光を観せる時を演出する人。
私たちと物語の境を消していく
ただ光を見つけられるように。
Nelle foibe della m
il cadavere di Riz
Bancarotta, 40 a
I FONDI DELLA SETTIMANA
8 marzo 2012
LA CONGREGAZIONE
Napol
le indagini
Alberta
Gloves Factory
R. CHOW
2012.3.10

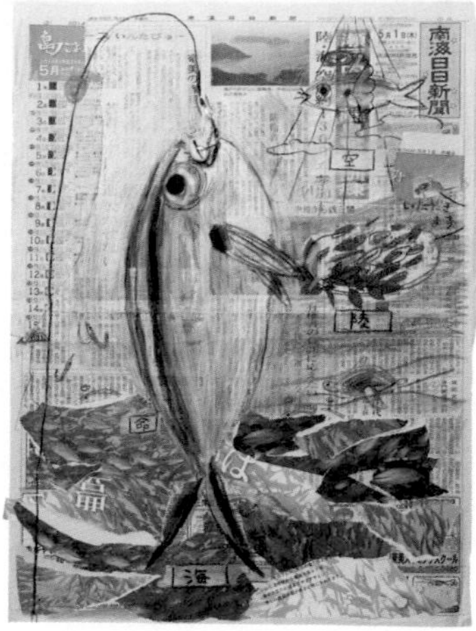

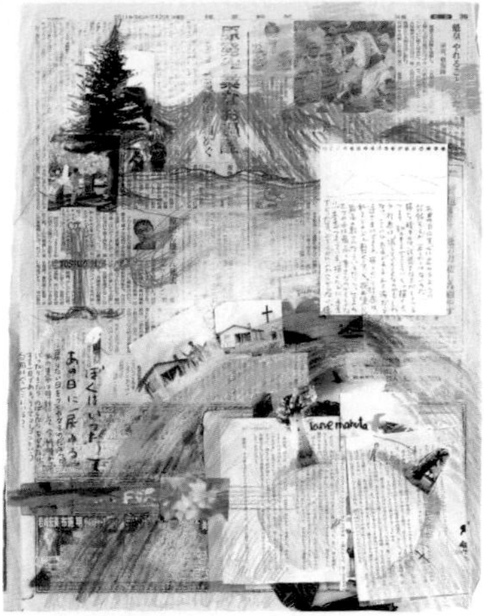

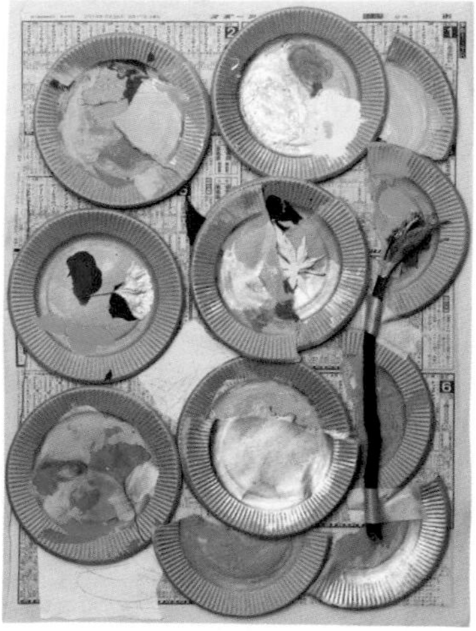

「『畫圖』，可以為環境注入畫圖氛圍，
選色和完成速度也會越來越快。」

「報紙日記」(2011～)

一天的最後功課是「報紙日記」。
這是為了真正想要作畫時的能力鍛鍊，
「就像是為了下一場比賽，運動選手的暖身運動。」
拼貼當天的票券和有興趣的事物，忠實畫下當時的心情。

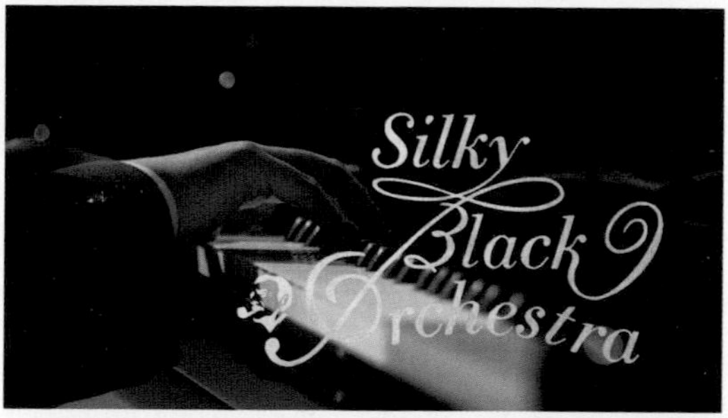

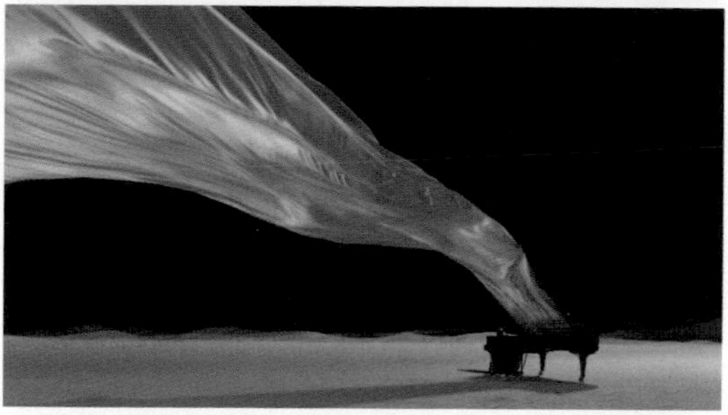

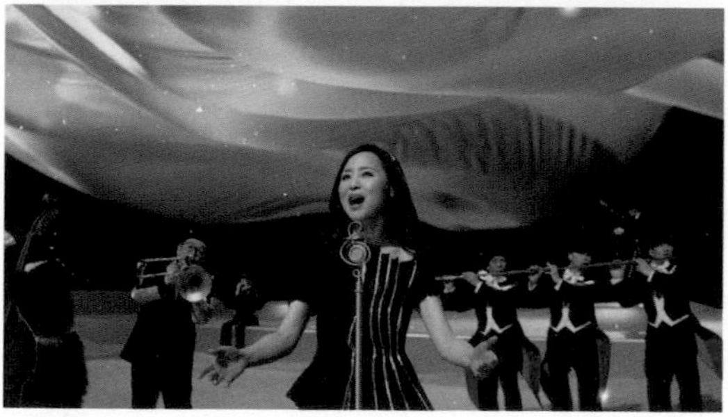

「廣告是不期而遇的事物。

我不僅想呈現出商品的真實形象，

還希望能夠留下其他絕妙出色、對大家有益的事物。」

三得利咖啡「BOSS Silky Black」TV-CM（2012）三得利

以「音樂」（管弦樂團）表現享用「BOSS Silky Black」的時間。這是廣告系列第 7 彈。

個性獨具的表演者演奏一首樂曲，創造出令人驚喜歡愉的和諧旋律，透過夢幻風格的影像展現在螢幕上。

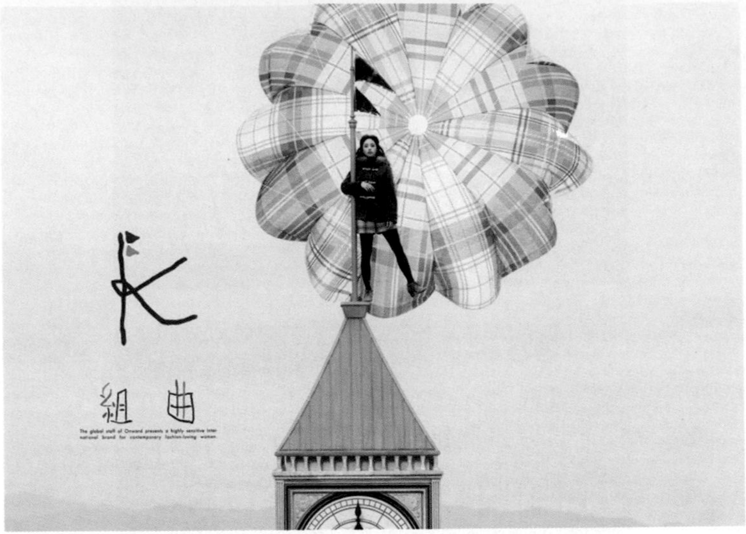
組曲
The global staff of Onward presents a highly sensitive international brand for contemporary fashion-loving women.

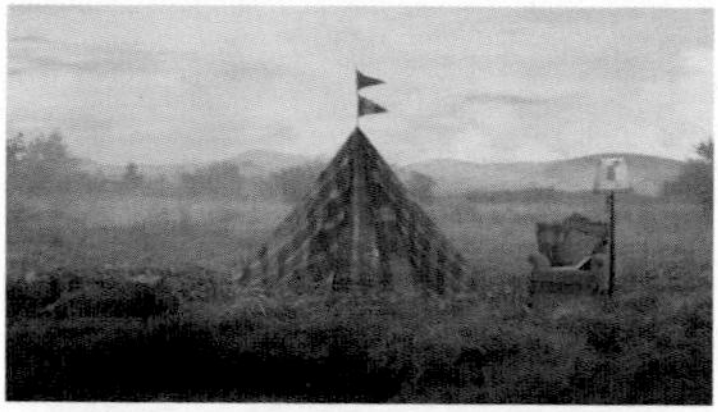

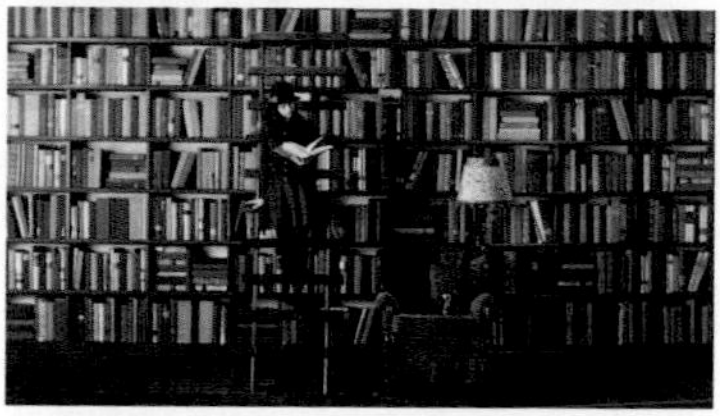

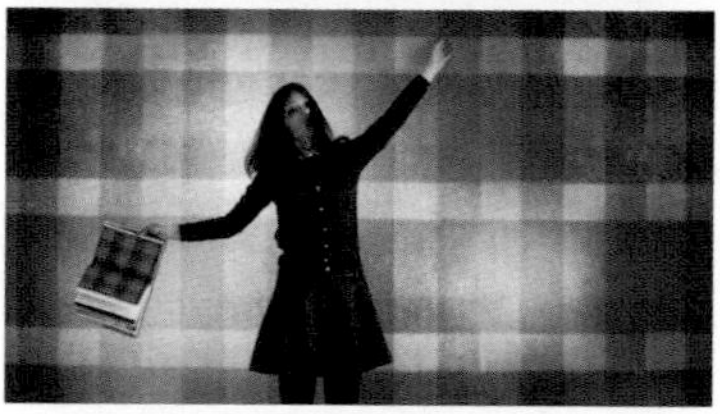

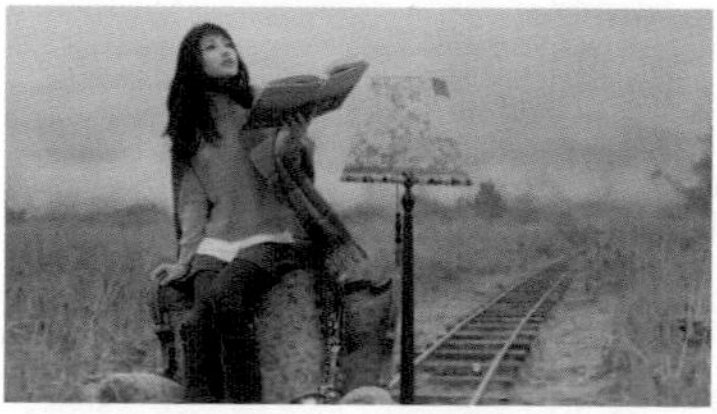

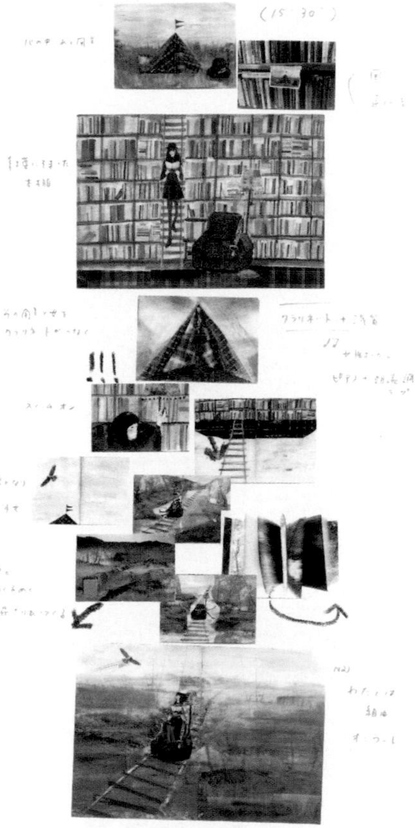

「我很重視親手描繪。
親手畫下的草圖，能夠傳達質感、甚至是氣味給參與製作的人，
還能夠共享想法。」

「組曲 2013 Autumn & Winter」TV-CM（2012-2013）ONWARD 樫山
回到「畫圖」的原點，在圖中呈現出「世界」，再轉換拍攝成影像的 CM。
從照片可看出拍攝完成的影像，非常忠於原畫。

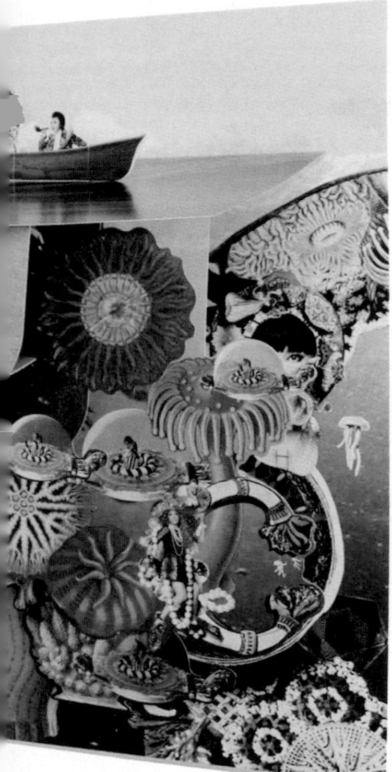

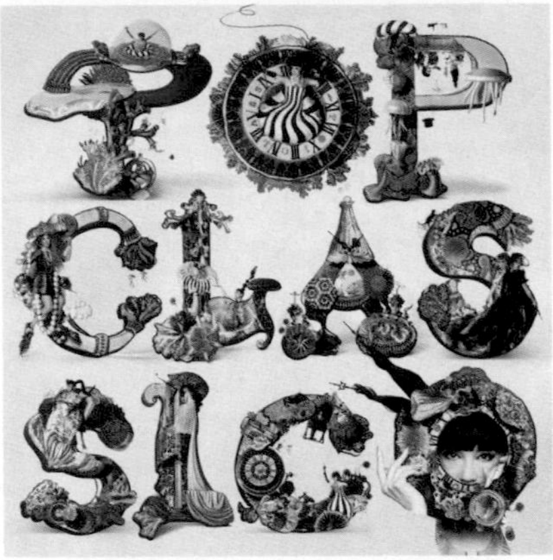
POP
CLAS
SICO

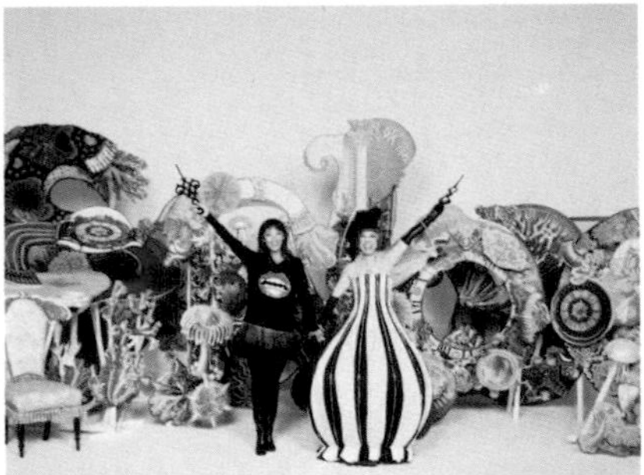

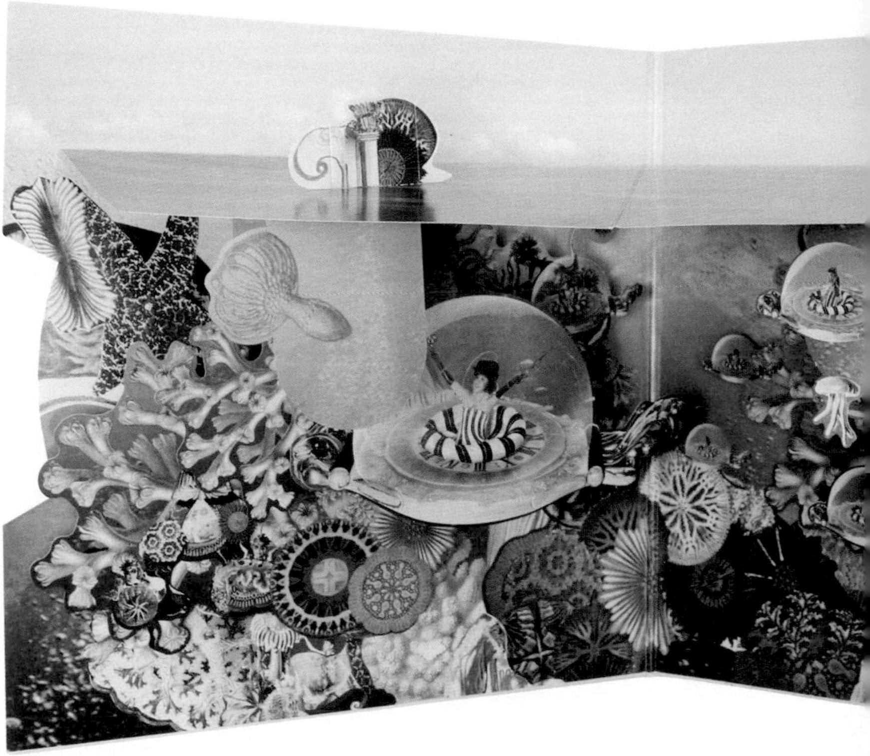

「編寫故事，在故事當中寫入信息傳遞給所有人，
如果加上歌曲和繪畫，就一定能夠打動人心。」

松任谷由實「POP CLASSICO」(2013)環球音樂

認識松任谷由實之後，我重新找到自己的創作根源。
松任谷由實告訴我「令人懷念的未來」，成為這件創作誕生的關鍵句。

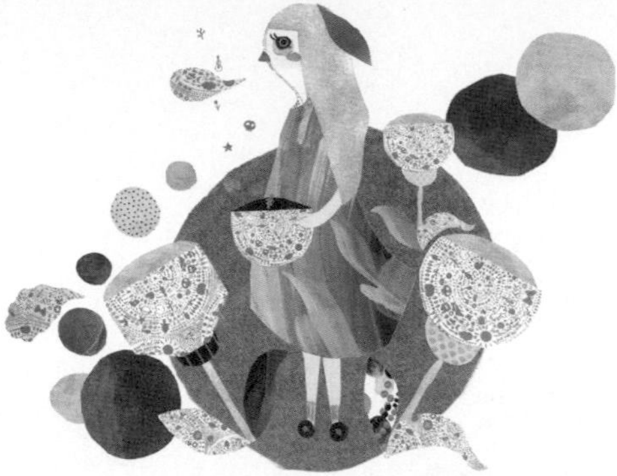

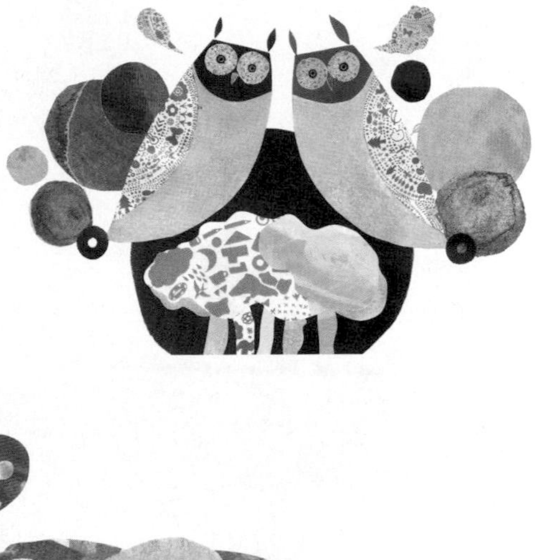

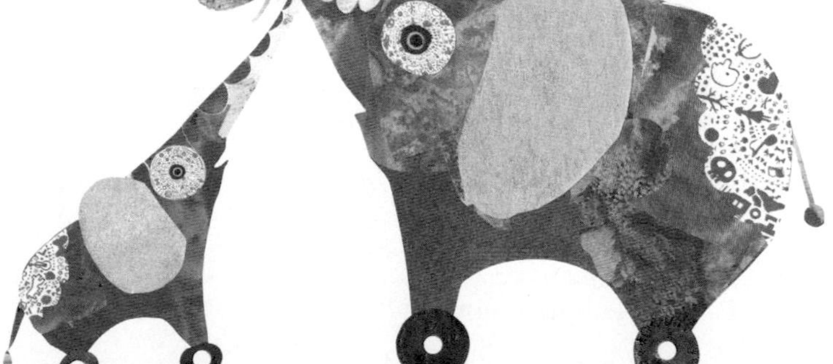

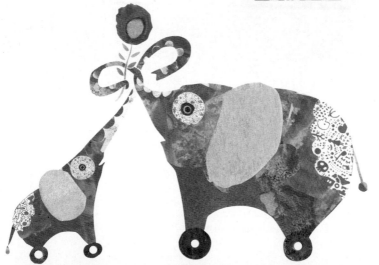

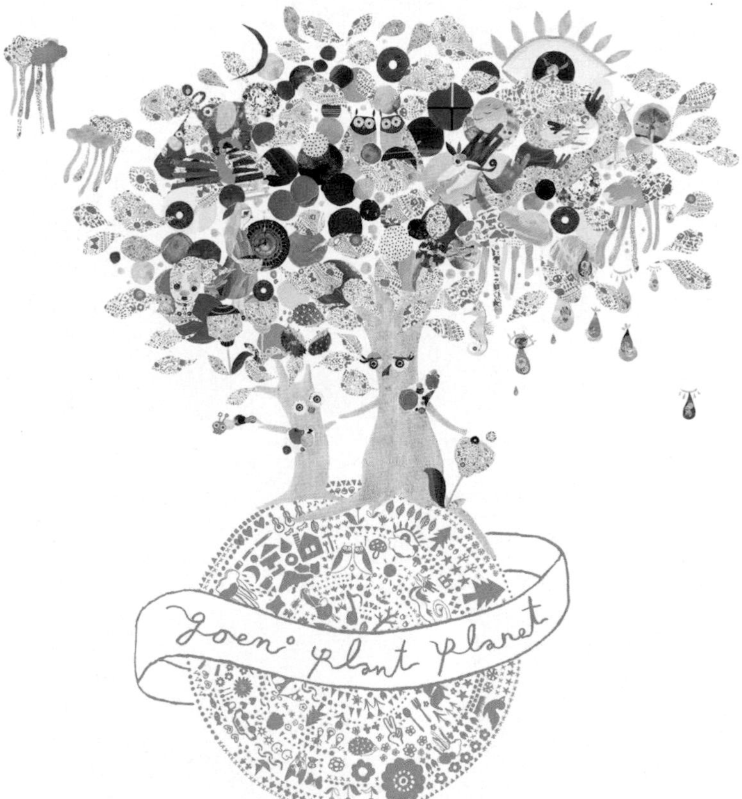

所有作品的誕生都和生長的環境息息相關。
心中的前世可能都會影響手工打造、描繪、書寫的作品。
所以，我希望能夠打造健全的土壤，好好培育。

母親節「goen° plant planet」（2015）三越伊勢丹
我以上方的圖，表現出母親自編的許多床邊故事。
如果母親是一棵大樹，那些故事就是茂密的枝葉。
在這項企畫中，故事中的人物變成種種商品，於伊勢丹新宿店各樓層銷售。

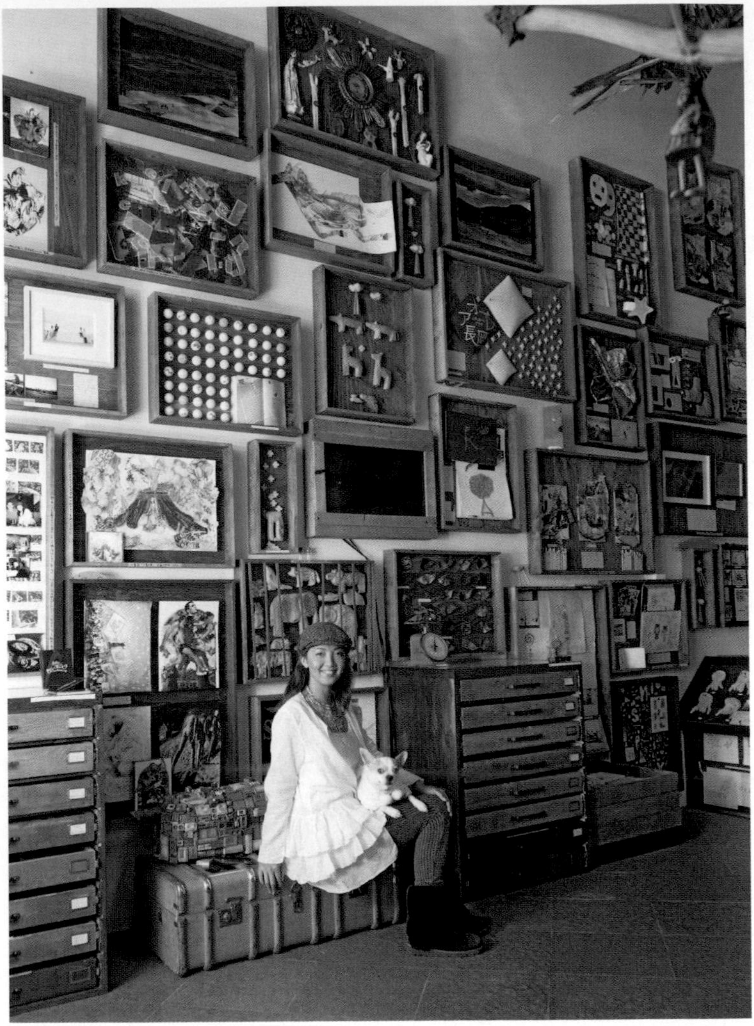

排列各式各樣的物品之後，
發現這些都是「打造出我的果實，我打造出的果實」。

「en° 樹木果實」展（2012）
在外苑前的「On Sundays」舉辦個展。
展出各式各樣的物品，有信件、畫作、企畫書、原畫、隨手塗鴉、撿拾來的物品等。

アイデアが生まれる、一歩手前のだいじな話

想法誕生前最重要的事

森本千絵

Acquisition Editor and Designer
wangzhihong.com

はじまりのことば

前言

5

大切なことはいつも色や音楽に変えて

重要的事物總是化為色彩或音樂

森本千絵

常有學生提問「如何才能夠成為藝術總監或是創意總監呢？」每當碰到這類詢問時，我總是思考究竟什麼是藝術總監和創意總監等職稱。

飛行員或護士是職稱。可是無論是藝術總監或創意總監，都不是取得資格認證才獲得的頭銜。在兒童當中就可以找到絕不輸大人、出色的創意總監；許多兒童在玩耍時，或在學校課業當中，就已經在執行監製的工作。因此，我認為兩者並非是成長到某一階段之後所從事的職業，而是在成長過程裡扮演的角色。

身為藝術總監、創作人，自己參與過許多不同的工作。例如，三得利咖啡的「BOSS Silky Black」（卷首插圖XX），佳能「無反光鏡相機EOS M」（卷首插圖III 8）的電視廣告影片，Mr.Children的廣告和CD專輯封面的藝術監製（卷首插圖IV V VI VII XII XIII XIV XV），NHK晨間連續劇《幸福鐵板燒》的片頭影像製作，最近則擔任松任谷由實專輯

《POP CLASSICO》的藝術總監（卷首插圖XXIX），以及負責三谷幸喜監製的舞台劇《聲》的美術監製。我甚至還主持個人廣播節目，可以說是遊走在各種媒體和空間之間，自己都不知道如何簡單解釋自己的工作。雖然工作都和藝術總監、創意總監相關，然而每次必須達成的結果都各有不同，所以絕對無法以一招走遍天下。

然而，這些工作的共通之處在於如何將他人的想法化為具體的傳遞方式，此外，我的表現形式總是伴隨著音樂和顏色。這種方式源自於我孩提時期的體驗。

小學時，我經常繪製賀卡送人，自己編歌，策畫園遊會，製作集訓手冊，布置教室等，其實和現在的工作大同小異。但是，追根究柢，最原始的體驗是來自和祖父一同生活的歲月。

雙親繁忙，所以我從小就寄養在青森縣的祖父母家，那兒是擁有豐富大自然的地區。對我而言，祖父就好像卓別林，無論我遭遇哪種挫折失敗，悲傷哭泣，他從來不動怒責怪我軟弱，只是教我認識顏色，教我唱歌。

話說，小的時候，我經常尿褲子，遲遲無法脫離尿布生活，但是祖父從來不斥責我。有一天，祖父冒著風雪騎著自行車出門。過了不久，返家的祖父，在我的面前展現七條、七種不同顏色的內褲。七彩可愛的內褲，漂亮極了，我一心只想趕快穿上，所以再三向祖父保證絕對不再尿褲子。果然，從那天之後，我再也不尿褲子了。

熱愛音樂的祖父，教我唱好多歌曲。第一首學會的歌曲是〈你是我的陽光〉（*You are my sunshine*）。祖父一邊教我唱歌，一邊教我認識英文單字，等我學會之後，我總愛和祖父合唱這首歌。只要唱這首歌，我總是心情快樂。有一天，我最喜愛的洋娃娃被另一個小孩搶走，傷心地大哭，祖父來到我的身邊，唱起〈你是我的陽光〉；聽著聽著，我忘記了剛才的不愉快，開心地笑著和祖父一起合唱。

重要事物總能夠轉換成為顏色或歌曲，傳遞人心，感動人心。

和祖父一起生活的日子，我學會了這些事情。

我想這些就是我的表現方式的原點。

森本千絵

広告とは「ものの本質」を「人の心」に伝えること

廣告是傳遞「物質本質」，打動人心

二〇〇七年，我離開博報堂廣告公司，成立自己的設計事務所「goen°」。「設計廣告」是接受他人委託，針對消費性商品，從創意人的觀點發想，尋找自己發現的答案，再設法呈現。在一連串的過程當中，我最重視的「設計真正價值」，在於如何汲取當事者的想法，細心篩選出商品的本質和普遍性，進而將本質化為實際形式，深達人心。承接他人的想法，再設法打造，進而打動人心，並非易事，所以更需要確實面對各項作業。如此一來，才能為收看廣告的觀眾和廣告製作委託人，帶來陣陣驚喜，並確信自己能夠製作出感動和豐富人心的廣告作品。

對我而言，廣告是「連接人心的溝通方式」。因此，對於所有工作，我都秉持著問心無愧的精神，為雙方搭建溝通的橋樑，交流想法，發掘所長並加以宣揚。

工作經驗累積越多，這種想法隨之擴張增強。我唯有期許自己更盡心努力，用心

滿足所有需求。

他人の方法論でオリジナルはつくれないから
使用他人的方法論，則無法打造原創

在本書中，我將敘述自己的工作經驗談，其中包含我奉行不渝的原則，或是工作的方法論。然而，我並非撰寫具體的方法論，例如「這樣做就能夠成為總監」，或是「這樣做就會獲得成功」；而是透過感覺、心情、意識等有點兒特殊的方法論。

但是，這些都是我個人對廣告或設計的看法。如果各位照本宣科，恐怕就只是模仿，無法自創。因為，一直以來，我的作品都是希望能夠感動人心，或是希望鼓舞人們起身行動，搭起人與人之間的橋樑，尋找潛藏在各角落的各種可能性。

我的方法論是希望能夠觸動各位的五官意識，解放習慣因循方法論的行動模式，進而解放心靈，自由發想，找到屬於自己的原創。

森本千絵

目次

2 心と身体が動くものを
身心必須隨時靈活變動

3 あくまでこだわるとき、こだわりを捨てるとき

堅持必須因地制宜，懂得堅持和取捨

4

本物の追求

追求名副其實的真正事物

5 私はこんなふうに世界を見ていた

個人的世界觀

1

すべてのものづくりはご縁からはじまる

所有的創作都是始於緣分

日常にはおもしろいことがたくさん転がっている

日常生活中，隨處有趣味

我的事務所名稱 goen°，源自於日文「御緣」的發音。首先，請容我從頭細說名稱的由來。

在博報堂任職期間，我曾經參與「HAPPY NEWS」的宣傳活動。最初只是針對「讀報日」（譯註：四月六日，日文的「四」、「六」發音合起來和「閱讀」同音）的宣傳活動企畫進行提案，日本報業協會認為「時下的年輕人都不看報紙了，所以請協助設計報紙廣告，以便鼓勵閱報」。當下，我覺得這項委託簡直是強人所難，因為即使在報紙上刊登廣告，從不看報的人根本看不到這則廣告啊。所以，我認為不應該在報紙上刊登廣告，而是讓這則廣告脫離報紙，在報紙以外的世界展翅遨遊。這個想法啟動了「HAPPY NEWS」的開端。

報紙上的報導似乎都千篇一律，其實仔細閱讀之後，會在不經意處發現許多有趣的小報導。

報紙不是只有淒風苦雨的報導，也不是只有艱澀難懂的文章；其實在日常生活當中，隨處都有鼓舞人心的消息，如果閱讀報紙時，能夠抱著這種心情，應該會覺得這個世界真是既有趣又可愛。

為了落實想法，我集合了多位大學生，合力從報紙上尋找「HAPPY NEWS」，剪下、然後護貝，製作成簡報資料，向日本報業協會提案。

「人の想い」は、時に広告以上のものへ

「人的想法」有時候超過廣告

向客戶簡報時，我卯足全力，當天為了向客戶呈現「最頂級的簡報饗宴」，我身穿自己印製的「HAPPY NEWS」T恤，將HAPPY NEWS束成紙捲，和氣球一起放入籃子當中。這身簡報打扮，簡直就像是童話人物小紅帽。

可是，會議室中坐滿了西裝畢挺、正經八百的叔伯輩人物，我的打扮過於搶眼突兀，反而難以傳達我的真意。果然不出所料，評審認為「這身打扮應該無助於報紙銷售」，所以該年，「HAPPY NEWS」的企畫未能獲得青睞。

即使如此，我仍然認為如果日本報業協會能夠採用這種方式，慢慢地向世人傳遞這個想法，一定能夠有所改變。一年之後，日本報業協會主動聯絡，表示「在簡報結束之後，經過一番深思熟慮，我們決定放手一搏，盛大舉辦」。

二〇〇四年，日本報業協會公開向全國徵求「HAPPY NEWS」，決定從當年投稿的報導當中，選出「HAPPY NEWS 大獎」，並公開頒獎。

獲選為第一屆「HAPPY NEWS」大獎是沖繩縣波照間島的報導。

這座小島鮮少發生犯罪案件。有一天，島內居民的錢包遭竊。島上警察認為「本島絕對不會有人偷竊錢包，犯人一定是烏鴉」。於是他擺放烏鴉愛吃的波蘿麵包，結果，波蘿麵包消失了，卻出現失竊的錢包。這真是一則相信人性、溫暖人心的報導。

這項募集活動獲得媒體的爭相報導，新聞或談話節目也播出頒獎典禮。結果，「宣傳」效果遠遠超越了報紙廣告或十五秒的電視廣告。

「HAPPY NEWS」是企業出資委託的工作。然而，卻是一項運用媒體、經過時間醞釀、逐漸改變的「活動」。直到現在，我仍然擔任每年的評審；而且，因為是全國性的徵稿活動，匯集了全民的夢想和心意，更能確實地普及擴散。我參與過許多博報堂的工作，然而「HAPPY NEWS」卻是前所未有，無可比擬。因為「HAPPY NEWS」，我知道了「緣分」（goen）的真義。

現場でどんなことに出会いたいか

在現場希望有哪些偶遇

「HAPPY NEWS」後來持續舉辦，每年都出書，直到二〇一三年。我則是到二〇〇六年為止，每年都參與書籍裝幀。

二〇〇六年「HAPPY NEWS 大獎」是金澤地方報紙的報導。糖果雜貨鋪的老婆婆行動不方便，鄰居的國中男生雖然不是她的家人，卻每天幫忙老婆婆倒垃圾。這則新聞令人讀來備感溫馨。當年的專書封面，我打算刊登兩位主角的照片，於是偕同攝影師池田晶紀，一起拜訪金澤。

執行企畫時，我總是挑選能夠催生化學作用的合作夥伴，因為世界上沒有所謂的正確表現方式，反而經常取決於當時現場參與人士的突發奇想。攝影師當然專精拍攝，畫家當然擅長畫圖。但是並非只要是專家就行，而是在添加若干調劑。我珍惜當時在現場相遇的任何人事物。因此，當我必須親赴現場時，同行的夥伴常是重要關鍵。

「工作就是旅行」。客戶委任工作，表示自己將和他人攜手合作，獲得「出遊」的許可。因此，無論工作性質為何，每次接到委託時，我的心情總是雀躍不已。如果還能覓得投緣的工作夥伴，更是令我樂不可支。

這次的夥伴是池田弟。池田弟總是笑容滿面，所以能夠化解初次見面的生澀，令人不知不覺地敞開心房。「HAPPY NEWS」是交織著各種小幸福，在報紙不起眼的一角慢慢綻放花朵。所以我需要池田弟的笑顏。

抵達金澤之後，我們先拜訪國中男生的家。進入屋內，首先映入眼簾的是來自全國民眾的信件，以及民眾自選「HAPPY NEWS」所裝訂而成的小冊子。我想這些民眾一定是想和這位國中男生分享「HAPPY NEWS」。這項活動竟然產生如此鼓舞人心的連鎖反應，我真是感動萬分。而且，在池田弟友善可親的笑臉下，國中男生的母親道出不少故事，例如她如何教養出如此貼心的孩子等；到了後來，我們簡直像是來到親戚家玩耍一般，毫不拘束地在客廳活動，還厚臉皮地共享用餐，度過溫暖愉快的時光。

ひとつひとつが奇跡の積み重ね

一點一滴，都是奇蹟累積

然後，我們轉往拜訪糖果雜貨鋪的老婆婆，和她天南地北地聊天話家常。老婆婆萬萬沒想到自己的報導竟然造成話題。

老婆婆表示「我什麼也沒有做啊，就是鄰居國中男生幫忙倒垃圾而已嘛。竟然上報，還有電視報導。結果，那些小時候常來店裡光顧的孩子，都紛紛前來問好。我只是每天坐著顧店而已。世間竟然有這種事啊」。

然後，老婆婆問我：

「妳是做什麼的呢？」

我解釋說道：「美術大學畢業之後，我從事設計工作和企畫構思，例如『HAPPY NEWS』，設法落實每個人的想法，並加以傳遞。」

老婆婆接著說：「原來妳的工作是幫人結緣啊。」

我本來就喜歡「緣分」一詞。然而，我從來沒有想過在設計工作中，竟然能夠聽到日本人獨特的表現方式——「緣分」一詞。

這項企畫最初的簡報並未獲得認可，日本報業協會遲疑了一年才開始進行。不過，隨著企畫的進展，我還來到金澤等地。這些後續發展，促使我發現冥冥之中似乎有股不知名的力量，引領著我向前邁進。

不僅是這項企畫，所有我曾參與過的工作，我發現都潛藏著這股不知名的力量。所有事物不僅是單純的相遇，而是一項又一項的奇蹟。

我感動莫名，當場哭得像個淚人兒。池田弟見狀，立刻說道：「這就是青春啊！」然後兩人前往海邊，對著大海高喊：「我就是這麼傻！」還自編〈緣分〉一曲。

那時，我暗自決定，如果有朝一日能夠獨立創業，公司名稱就使用「緣分」。

身体に染み渡るまで音源を聴き込む
聆聽樂曲，直到滲入全身細胞

在進行「HAPPY NEWS」的同一時期，我也承接了Mr.Children專輯《HOME》的封套（卷首插圖XII XIII）製作。以往，我都是負責製作Mr.Children的廣告，這是第一次參與製作專輯封套。

而且，唱片公司的負責窗口告知，專輯名稱是簡單的「HOME」一字；然後主唱櫻井和壽的來信，內容僅是短短的一行字——人體結構的七成是水，這理所當然的常識眾所皆知。然後，他再託人轉達「這張專輯就是這種感覺，所以請設計這種感覺的封套」。

接下委託之後，我反覆思考《HOME》的封套。當我參與音樂專輯封套的設計時，我會不厭其煩地反覆聆聽樂曲，讓曲調滲入每寸肌膚，進而忘記這是客戶委託的工作。曲調會縈繞盤旋在每日的生活當中，不知不覺地影響自己的步調和思慮。如此一來，體內就會自然而然地誕生靈感、醞釀成形。

這次，我當然也依樣畫葫蘆。不過，因為是第一次為 Mr.Children 設計封套，現在回想當時，覺得自己似乎過於使勁，竟然提出了十多個不同形式的「HOME」想法，例如摺紙製作的家、俄羅斯娃娃等。可是，這些都是經由腦袋思考而成的提案，我總覺得還有更適合的方式。

自分の生まれや育ちがアイデアのもとになる
成長過程就是靈感的來源

當時，祖母患病住院，我利用工作空檔前往橫濱的醫院探視。祖母是插花老師，非常注重花朵的色彩感受。祖母喜歡藍、澄紅等淡色系，受到她的影響，我也特別喜愛這些顏色。

大家都知道醫院用色單調乏味，祖母當然心中百般不悅。如果是單人病房，還能自己隨興布置；然而祖母與人同房，睡在硬梆梆的病床上，病床之間的區隔使用同色的垂簾，有時還必須面對同房病患難敵病魔、因而離開人世，導致心生自己就是死神下一目標的恐懼。種種情況實在令我難受。

我知道人終須一死，所以希望每個人長眠之前，活得自在快樂；即使到了最後一刻已經無法言語，身邊仍能充滿自己喜愛的顏色，內心仍能描繪自己喜好的物品。

剛好當時是年底，於是我在病房中掛上聖誕節裝飾，以及倒數計時、迎接新年的月曆。我心想如果衷心期待新年的到來，或許能夠振奮心情，延命益壽。但是這項舉動似乎違反醫院非單人病房的規則，不僅遭到醫生斥責，還被強制拆除。

有一天，祖母突然提出要求，表示打算受洗、成為基督徒。我詢問理由，祖母回答希望自己的告別式能夠在教堂舉行，教堂內裝飾三色堇等鮮豔多彩的花朵。我充分理解祖母的心情，所以協請神父前來病房，為祖母講道。在年關前某天向醫院告假外出，前往教堂受洗。

受洗當天，祖母頭戴新娘般的頭紗，由於已經無法自己行走，她必須以輪椅代步；當我望著坐著輪椅、在兒子協助之下進入教堂的祖母，就像是再次披上婚紗、步上紅毯的新娘。

我突然覺得人生到了最後一刻，其實是和天神結合，而我們即將目送祖母走上冥土之路。

在教堂裡，祖母的兄弟和兒女分立兩側，如同家譜一般。如果這是一部描繪人生的戲劇或電影，這一天正是家族全員為了主角祖母齊聚一堂的終幕。在這樣的場面中，我深深體會到家族之間相連的血脈，如果缺少任何一位家人，或許今天我就不存在於這個世上。我頓時領悟到自己身在此處、參與其中就是「HOME」，這就是我左思右想，卻未曾參透的理所當然之感——「人體結構的七成是水」。

我立刻想到專輯封套能夠設計成家譜，而且拍攝地點不能是約定俗成的、理所當然的場所，而是一種無法以一己之力完成的地方，所以應該尋找無法獨力站穩的地點。最後，我決定拍攝地點設在水中，在游泳池當中製作家譜。

祖母受洗儀式結束之後兩天，就必須向 Mr.Children 成員進行簡報。所以，前一天，我徹夜趕工製作家譜的企畫書，連同之前製作的其他提案，一起報告發表。結果，Mr.Children 全員異口同聲地決定採用家譜提案。

我堅持拍攝對象必須選擇真正的家族。可是，拍攝期間是十二月底，日本正值嚴冬，無法在戶外游泳池拍攝。於是我和攝影師瀧本幹也討論，斟酌考量各種條件，最後決定在夏威夷茂宜島進行拍攝。而且，只有日本新年期間的聖誕節，才有可能湊齊參與拍攝的各個家族。在協調各方人馬的日程之後，訂於正月初一出發，拍攝三、四日，然後，初五回國。這種行程簡直是體力大考驗。

在出發前夕，祖母離開了人世。

迷ったら、「希望のある方」を選ぶ

猶豫迷惘時，挑選「有希望的選項」

二〇〇七年一月一日，在出發前往夏威夷的飛機正要起飛的轟轟聲中，我決定離開博報堂，獨立開業。

《HOME》專輯封套來自於對所愛家人的想法。在企畫的過程當中，我發現即使在博報堂任職，參與企業的各種大型計畫，也無法為一般人的日常生活進行設計，例如把祖母養病的醫院裝飾地更為開放明亮。

我心想此時不獨立開業，更待何時；事後回想，當時內心已經蓄勢待發。如果以顏色比喻，就像是紅綠燈的綠燈。從機內窗戶俯瞰雲層，形狀漂亮多變，彷彿是一片藍海世界。心中對於東家博報堂不存絲毫眷戀，也沒有祖母過世的悲傷，反而是一片清明自在。

在機內，我想起製作「HAPPY NEWS」時，金澤老婆婆所說的話，決定公司名稱為「goen°」，並在專輯《HOME》發行之後，在四月正式獨立開業。

此後便有如神助，萬事順遂。同行的瀧本攝影師當時也正逢事務所搬遷，早上才聽他提起「事務所要搬到某某大樓的四樓」，我隨口回應「我也在找尋適當的物件呢」。結果當晚，父親熟識的房屋仲介傳真介紹，剛好就是瀧本攝影師新事務所所在大樓的三樓。這些機緣巧合，更是讓我深感箭已上弦，不得不發。

不僅是獨立開業的時候，每當我下定決心時，總會出現各種機緣巧合，推波助瀾。

這種無法以一己之力、難以抗拒的事物，總能形成驅策激發的契機，個個都是難得的機緣。

這些推動前進的潮流通常突然湧現，所以在抉擇時當然惶惶不安。

可是，我向來抱著勢不可當、唯有趁勢而行的心態，尤其是遇到必須做出重大決定、遭逢巨大潮流時，我一定順勢而為，從此絕不回頭或放棄，一心向前邁進。

面對抉擇，猶豫是否順勢而行時，我必定會選擇充滿希望光明的一方。人生就是不斷地抉擇，工作也是同理。當設計出現兩個方向時，我會挑選感覺明亮的一方，挑選基準並非是顏色漂亮，或是看似歡樂無比，而是覺得潛藏無限希望。

我所說的「希望」或許可說是「開端」，或可說是雖然是未完成的事物，卻充滿夢想，所以由此開始，「希望」無限。

徹底的な「一人会議」からアイデアは生まれる

一人會議，催生靈感

當工作需要進行決斷之時，我的方法如下。

針對每項委託，先腦力激盪出各種創意，等到各種創意齊備，我便閉目冥思，在自己的腦中召開決議大會。每次會議至少有二十位以上的自己參與，有時甚至多達百位以上。

我生來彆扭，總愛唱反調，在後續章節中，我將解釋這或許是自己的童年環境所致，導致性格多樣。對我而言，這種一人會議方便行事，每次的腦內大會真是百家爭論，各執一詞。

「這項創意有點負面吧」

「但是那項創意缺乏格調啊」

「只講究格調，恐怕無法傳遞正確訊息吧」

「即使正確傳達訊息，缺乏樂趣，恐怕不容易娛樂大眾吧」
「光是娛樂大眾，缺乏童心，結果是兒童不宜觀賞吧」
「想要面面俱到，恐怕只會淪為一首無法感動人心的樂曲吧」
「但是如果無意溝通，當然無法傳遞正確訊息啊」……這類爭論已是固定戲碼。

有時意見過於繁雜分歧，反而越想越糊塗；不過，廣告本是提供大眾觀賞，大眾各有不同的價值觀，所以必須立於不同的觀點，進行討論，探討所有的可能性，才能周全。

在徹底進行一人會議之後，我在心中默默將每項創意逐一緊握手中，然後再猛然鬆手，如果此項創意直直落下，就決定不採用。我在心中不斷重複這個動作，最後必定會有一兩個創意，即使鬆手之後仍留在手上。

很多音樂人常說，腦海中不時浮現各種旋律，可是最後總有縈繞不去的旋律，想必是旋律已經滲入體內深處。創意也是同理，最後決定留下的選項，不是透過大腦理性挑選，而是透過內心和身體挑選。這種追隨本能的方式，已經不知不覺地成為做人做事的原則。

這些為了工作而產生的創意和身心合一，所以，如果問我究竟是在執行「工作」，還是尋找「處世原則」，已無差別。總之，在他人委託的工作中所產出的創意，最後並非成為他人的物品，而是內化累積在心中。所以，挑選創意、具體實踐，最後其實是在引領自己的人生方向。

因祖母的事件和為「HOME」工作，我獨立開業。所以，如果說有某種工作和人生無關，我實在無法相信。

溺れそうになったら、力を抜いて流されてみる
溺水時，放鬆自己，隨波逐流

人生的重大變動，我稱之為無法抗拒的巨浪，因為自己本身曾經親身體驗。有一回，我乘坐衝浪板，從高知縣的四萬十川順流而下，途中遇到湍流，捲入渦流之

中，差點溺水身亡。

在生死關頭的那一刻，恰巧在附近河岸的衝浪好手對我大喊「不要掙扎，放鬆全身，順水漂流」。

在湍急激流之後，必有水流匯聚處，人體能夠自然浮起。我聽從建議，雙手護頭，以免撞擊到岩石，然後放鬆全身，隨波漂流。雖然在途中，背部幾度碰撞岩石，但是不一會兒的工夫，我就漂流到河水匯聚處，浮上了河面。

我常聽說衝浪時，如果遇到大浪，只要讓自己像胎兒一樣，隨浪翻捲即可。雖然明白這個道理，然而一旦遇到溺水，人免不了掙扎、設法游回岸邊，卻不知這樣徒耗體力，根本不可能游上岸。許多海上遇難事件，多半是想靠己力游回岸邊所致。遇到這種情形時，只需放鬆全身，隨波逐流；但是內心必須堅信「自己一定能夠活下去」、「自己一定能夠獲救」。這股「活下去」的能量才是救生索。

在四萬十川事件之後，在夏威夷的考艾島，我捲入了三層樓高的巨浪，失去意識。現在回想起來，在那次之後，我的工作方式有所改變。夏威夷事件之後，我參與時裝品牌「組曲」（卷首插圖XXVI、XXVII），以及「niko and...」二〇一三年的秋冬廣告。因為這件工作，我開始擔任導演，自己描繪分鏡草圖，拍攝影片。

一件工作從事多年之後，基本能力越來越強，漸漸興起挑戰新事物的欲望；或是為了力求完美表現，所以改變工作方式和內容。不過，我認為轉變來自於自己或周遭人事物經歷生死攸關的事件，體會到「活在世上真好」。這種大悲大喜，撼動內心，因此帶來轉變。

在這種體驗之後，總會產生「唯獨當下此刻，才得以創作完成」的事物。所以，我絕對將撼動自己的事物或情感，化為具體事物。然後，順勢而為，讓自己的體驗能夠靈活運用到後續的工作上。

或許有人質疑「世上的機運哪有可能如此巧合？」或許，應該說只要自我掌舵人生，改變人生，就能夠締造各種機緣巧合。

因為，心想事成。

我總是珍惜相遇的人事物，所以能夠遇到終生難忘的工作。

森本千絵

自分を空っぽにして「相手の力」を使う
放空自己，借助他人之力

身在水中的感覺，能夠應用到工作當中。尤其是初次合作時，就可以像在水中一樣，先將自己放空、放鬆，才能抓住漂來的事物。

各位當然可以擁有自己的喜好和堅持，例如最近聆聽的音樂、喜好的顏色、矚目的事物等，都是可以慢慢珍藏累積在心中；然而，在工作上，對於初次見面的人，我通常不做任何預設。

因為委託案件的想法存在於客戶心裡，幾乎所有的答案都潛藏在這些想法當中。所以，我只需要用心傾聽客戶所言。在客戶的話中若有勾動自己心弦之處，再設法延伸話題或提供建言，如此一來，我就能夠掌握客戶的意圖，算是一種借力使力的方式。

有趣的是如果對方生氣蓬勃，自己就能全力發揮；但是對方懶散無力，則自己也隨之敷衍馬虎。因此，對方的能量正面，例如「我喜歡這項商品」，或是「活動中希望如此進行」等，我就能借力使力，更能樂在其中，增加工作樂趣，對方更會如同鏡射反映出自己的身影，欣喜地接受我的提案。

客戶或許會以為提案是我的構思成果，殊不知我只是具體呈現出客戶本身的想法，這些原本就潛在客戶內心的想法，我只是挑出容易勾起注意或好奇心的要素；所以看似是全新的創意，其實我未施絲毫力氣。

「ふわ~っ」をいかに感じ取るか
如何抓攫「漂浮在半空」的空想

說穿了，我只需要「放空自己」，掌握住縹緲無形的感覺，再設法強調。

二〇〇三年參與麒麟啤酒的「8月麒麟」（卷首插圖VIII IX），我接受博報堂首位女性總監太田麻衣子女士的全權委任，負責設計夏季限定發泡酒的包裝。當時，麻衣子女士自己已有一些縹緲無形的想法。麒麟啤酒的負責窗口已經先行告知她委託的內容，顯示麒麟啤酒的負責窗口在傳達訊息時，已有自己的期望想法。麻衣子女士在傾聽客戶的說明時，掌握到那股縹緲無形，並在自己內心產生「這種創意可行」等也是縹緲無形的想法；最後我在聽取麻衣子女士的說明時，再次感受到這個想法。

當時，我所接收到的感覺就像是「晾曬在外的衣服，隨風擺動」。酒類賣場並列著琳瑯滿目的酒類商品。由於是夏季限定，所以我希望商品陳列店內時，就像輕輕拂過的微風、串起各式各樣的故事。

所有委託工作的第一步都在設法掌握這種縹緲無形的感覺。唯有放空自己，才能貼切感受到對方話中的氛圍，進而理解。具體而言就是「理解心境」，萬事都從「了解對方的心境」開始。

「風」をつかむ、「心地」がわかる

抓住「風」，了解「心情」

等到看出輕拂而過的「風」，了解「心境」；為了更深植心田，進入第二步時，並不是立刻尋找適合的詞彙，而是尋找符合心境的音樂，營造出產生那種心境的環境。音樂是空氣振動的迴響，播放音樂能夠讓工作房成為適合的環境。所以，首先讓自己的所在空間，運用音樂營造出那種心境，使得身體逐漸習慣；一旦身體習慣處於這種心境，自然而然地就會對相應事物產生反應。

說來巧合，和麻衣子女士會面的前一天，我參加友人公司的聖誕宴會。宴會上，結識了插畫家大塚ICHIO，交換名片之後，我發現名片背面印著大塚ICHIO的插畫，也是飄盪著縹緲無形的感覺，我不禁心動，覺得「可以使用這件樂器」(畫)。我立刻聯絡大塚先生，然後播放自己挑選的印象音樂，一邊閱覽他的作品，確認「那股感受」。結果，兩者果然非常契合，大塚先生筆下的線條似乎也更為縹緲無形，我當下決定要和他合作。

我總是憑著這種直覺，尋找各種心境相符的人士，最後也都如我所願。所以，別逆流掙扎，而是要乘風而行。

「この人だ」という勘を大事にする
珍惜「就是此人」的直覺

每每遇到初次合作的人，我總是開心無比。我向來不在意對方是否曾有豐功偉業。無論是新人、其他業界人士、一般人士，我都平等以待，我重視的是「氣場」和「過程」。

大塚 ICHIO 先生是著名的插畫家，在和他合作之前，我對他一無所知。可是，從他所散發出的氛圍和感性，我衷心覺得合作肯定沒有問題。對於初次合作的對象，一般人通常抱著謹慎的態度，不過，無論成敗與否，只要覺得投緣契合，我就會主動要求合作，因為相信這種怦然心動的「第六感」，總是使得工作更加愉快。

「8月麒麟」啤酒的名稱，並非來自文案作家或設計師等創意人的想法，而是取自行銷人員的說明。夏季限定的啤酒，六月開賣，九月下架。六月時，夏天即將到來，就會想來一罐沁涼透心的啤酒；七月時，夏季開始，更是滿心雀躍期待飲用啤酒；八月則是盛夏時節，然後逐漸來到殘暑的九月，趁著夏季尾聲享受清涼入脾的口感。所以，我覺得「8月麒麟」非常適合這次的廣告。當我聽到這個名稱時，又像是有一陣微風拂過、滿心覺得飄飄然地，所以立刻決定採用。

我將自己挑選的印象音樂交給大塚先生，請他在創作時，聆聽這些音樂。實際播放的廣告曲，則商請音樂團體 BE THE VOICE 創作。所謂無巧不成書，剛好在這項委託工作之前，相識的總監餽贈了這組樂團的專輯。播放欣賞之後，發現樂團歌聲符合我挑選的印象音樂，所以和 BE THE VOICE 取得聯絡之後，同樣請他們聆聽印象音樂，並欣賞大塚先生名片背面的插圖，再作詞作曲。所有事項都是同時進行，雖然是第一次和 BE THE VOICE 合作，但是我確信絕對可行。

實際看到大塚先生完成的插圖之後，那些藍色和綠色的線條都像是有電流竄動，畫面嶄新有形、氣勢十足；而且明明只是一條條平凡的直線，越看越覺得像是陣陣風吹，橫畫之後，又像是高低起伏的波動。或許，大塚先生用心作畫，同樣的直線也呈現出不同樣貌，感覺生龍活虎，生氣盎然。原來插畫竟有這般魔力，能將隱形思緒化為具體物象，真是令我驚訝萬分。BE THE VOICE 創作的音樂，也像一陣風吹進心田，令人感動。

啤酒罐設計根本不用再多想，自然成形，「8月麒麟」採用手寫字型。

相手の初恋を奪うように
宛如奪取他人的初戀

初次與某人共事，就像是成為他人初戀對象的感覺。初次合作時，無法像一般相遇，不合則去，從此老死不相見，無論如何都必須患難與共，完成只准成功不許失敗的任務。所以對方投注全副心力，我當然投桃報李，絕不辜負。如此一來，往往締造出令雙方難忘的工作經驗，並培養出無可取代的關係。此外，我全權負責所有事物，設法完美呈現最後成果，透過工作，自己也有新發現和成長，並運用到下一項工作。這些成果展現在外，獲得青睞，增加新的工作委託，等於是誕生新的分支。真是一舉數得。

初識北九州市到津森公園的動物園正副園長不久之後，我旋即擔任佳能「無反光鏡相機EOS M」的廣告拍攝總監。廣告由歌手木村KAELA擔綱演出。為了拍攝她手持數位相機攝影的畫面，我想要挑選她能夠真正享受拍攝樂趣的場所。我將場景設定為「在異想世界的摩天輪上拍攝照片」。我思索什麼事物可以引起摩天輪上KAELA小姐的興趣，我覺得想必不是從東京台場俯瞰而下的景色，應該是動物，於是立刻聯想起到津森公園。

然而場地位於北九州，企畫團隊擔心工作流程和搭景，我先打包票保證，然後立刻拿起電話聯絡動物園的正副園長，商請他們協助取得摩天輪的拍攝許可，甚至連晚餐預約也都麻煩他們代訂。這些原本都是企畫團隊的份內工作，拜託動物園副園長擔任協調總管，簡直是前所未聞。不過動物園方面大力幫忙，積極樂觀的態度更是打造了歡樂無比的拍攝現場，佳能的工作人員、KAELA小姐、動物園員工，大家都和樂融融、打成一片，一點也不像在工作。廣告成品也反映出現場氣氛，非常出色。

アイデアの「最後の一滴」を搾り出す方法
萃取最後一滴「靈感」的方法

常有人詢問「是否曾經腸枯思竭？想不出任何創意呢？」我的回答是否定的。其實每個人都能夠想出創意，根據每日所見所聞，一定都能湧現靈感，產生創意，差異只在是否新奇有趣。如果每個人都一心想製造新奇有趣的創意，反而什麼都想不出來。況且，創意是否新奇有趣，都是來自自我判斷，那些遭到自我否決的創意，某些人說不定覺得新奇有趣，甚至還能延伸拓展出更多的可能性。

無論好壞，我總是毫無保留地將自己的創意昭告各路人士，其中當然不乏困擾眾人、或是窮極無聊的創意。但是，觀察對方的表情，說出當下的想法，再瞧瞧對方的反應。總之就是試著向外拋出想法，而非自己覺得有趣才對外發言。我就是想讓創意接觸外界，而非停留在我腦內。

Mr.Children的櫻井和壽曾說「最後一滴尿最是精華」。

音樂創作也是同理。《HOME》專輯封套的創意，我覺得的確就像是最後一滴尿。最初我想出各式各樣的創意，無論有趣與否，都設法化為具體形式。然而在祖母的受洗儀式時，看見家族並列而立時，才湧現這個靈感。但是，如果沒有先前成堆的想法，就不會注意、更想不出這個創意。在絞盡腦汁之後，再設法擠出最深處的想法。想要擠出最後一滴，必須先擠出其他想法。

創意存在於隨處各地，所以我喜愛上街逛逛櫥窗，同時還能夠觀察、傾聽、感受到街上的萬物百態。

不過，我會先清空自己，以便吸收。因此，不斷向外拋出創意，也是清空自己的方式。

ものづくりの核は「外」にある
創作的核心在「外」

話說，前幾天，協助創作「組曲」廣告音樂的音樂家高木正勝先生向我問起：「嘴內，算是體外？還是體內呢？」

這個問題真是耐人尋味，不過，當下我認為「嘴內屬於體外」。描繪人體的輪廓線時，可以畫出從嘴部有管道通往腸、再通往體外，如此想來，嘴內是屬於體外；女性身體外有子宮，子宮內孕育嬰兒；套用心靈的說法，「外生內，其內生子」，換言之，「女性的體內擁有宇宙」。地球位於宇宙當中，人類不斷在這個地球表面演進，也可算是同樣道理。如此一路推論下去，這項主題大概可以畫成一冊繪本。所以，高木先生的提問，為我提供許多靈感。

如此說來，五日圓硬幣的中孔，也是「外」；所以，我經營的goen°，也是在goen°中有外。（譯註：御緣和五日圓的發音都是goen）

透過goen°參與各項創作，我體認到goen°並非是內部人員所打造，建構goen°本質的是「在內部的外部世界」。身處goen°其中的只有我一人，但是透過goen°內部的外部世界，例如音樂家、創作人、攝影家、影像作家等各界人士，經由他們打造了goen°。

食物通過體內的外（食道），人體從外（腸）吸收營養。創意發想也是同理，不能單純依靠自己的涵養和經驗。走在室外，映入眼簾的事物、擦身而過的感受等，加以吸收、內化成為養分之後，才能成為創作時最重要的核心。「肉眼所見之外的事物」建構起我創作時的核心。吸收外部事物的重要性，無須多言。

海の中の感覚と感受性でものづくりをする

運用在海中的感受性和感覺，進行創作

「清空自己」是為了吸收更多，我推薦泡在大海中的方式。泡在大海中，能夠淨空身心；而且身處海中，能夠提高感受性，體驗到細膩微妙之處。

我從小喜歡「藍色」。藍色是奇異幻想的顏色，無從掌握。例如空氣，近看是透明無色，遠觀則成藍色。我十分著迷這種感覺，覺得藍色是能夠包容自己的顏色，所以我一心想要「和水融為一體」，所以追尋藍色，最後我找到了衝浪。

我是玩立槳衝浪（卷首插圖 III 7），站上衝浪板，運用划槳，就能夠划向遠洋，溶入藍色世界中。可是，前進到遠洋、回首望向陸地時，原先追求藍色的心情，會瞬間改變。從海面看到的陸地顏色，著實令我驚艷，各種住家顏色，山巒相連的綠色，原來只是自己身在陸上而不自覺，從海上望去，藍色以外的顏色，竟是如此漂亮。

因為來到海上，體驗到迥異於以往的價值，令我覺得全身輕鬆暢快。原本只想出

海追求藍色，卻發現原來也可自由上陸，人類其實可以海陸來去自如。有了這種體驗，我常常無法克制想要衝入大海懷抱的衝動，一心想將自己的重負拋入海中，重獲自由。

投入大海的懷抱，能夠消除「身體的界線」，感受到內心載運著渺小生命。生活在都市當中，自己和社會的邊境界線是臉、手臂等身體四肢，總是需要拚死拚活地保衛自己。但是，投入大海的懷抱，不知不覺之間，疆界自動消失於無形，再無頭手境界之分。這個時候，自己的重心都在腹部中央，靈魂鎮守在此處。

身體和外界無疆界，則容易接收、接觸到形形色色的事物，所以能夠鍛鍊感受力，身體更易敏感察覺各項事物。所以，每次上陸之後，我總覺得事情樣樣新鮮有趣，食物樣樣美味可口，甚至連喝水都能夠令我開心陶醉。從事創作，我希望自己能夠永遠保持這種感覺和感受性，而這些都來自大海。

型にはめず、「境界」を曖昧に

不拘形式，模糊「界線」

投入大海的懷抱，能夠模糊界線。

因為衝浪活動，我去過日本各地的海邊，甚至也曾在北海道衝浪。即使氣候寒冷，我仍然穿上保暖衣入海衝浪。望著不畏寒冷、衝向大海的衝浪手，只覺得這群衝浪手，體內還殘留著「回歸大海」的動物本能。人類離海上陸，從四足動物演化成二足動物，這些衝浪手或許想要追溯演化的源頭，或可說這群人尚未完全進化成人類，或是仍然徘徊在人類和自然之間。所以，喜歡靠近大海的人充滿魅力，既勇敢堅強又細緻敏感，了解這些人的生活和思考方式，總令我反思現代社會進化的意義究竟何在。

細思之下，人類在現代社會中劃線區分，制訂各種基準。例如在海岸築堤，砍伐森林，分區規畫。可是，過於涇渭分明，反而令人難受，衣服過於貼身，感覺綁手綁腳，海岸築堤，就像掩住鼻孔無法呼吸，應該讓海浪自由拍打海岸。不要「拘泥形式」，不要為身體或生活方式築堤封閉，應該要不拒外物，排除無謂，這樣才健康自然。

人際關係也是如此。與人往來，算計利弊得失，或是交往設限，都是違背自然而且危險。模糊界線，接受水彩暈染般的朦朧曖昧；在能量過剩的時候，就放膽發洩。

我定期舉辦名為coen。（卷首插圖XVII）的工作坊，召集兒童參加。工作坊通常不會事先制訂任何主題，即使如此，隨著活動的進行，都會自然而然地產生主題。這就像是海浪拍岸，人和人之間互有往來，但是一旦劃線區分，結果就會有所不同。

大自然教導人類無數的道理。我很喜歡觀賞電影，受到電影諸多影響。只是努力偷閒抽空，一個月最多只能看兩部電影。但是每每看完電影時，我總是在心中回想方才難忘的畫面，放任自己的思緒奔馳，隨意想像，獲得更多的感動，也提供自己創作的靈感。我想這也是一種創作的訓練。

我喜歡投入大海的懷抱，喜歡任意想像。音樂也是如此，能夠將無形無聲的事物化為具體表現，真是無上的喜悅。所以，我積極體驗各種能夠享受這些感覺的事物。

2

心と身体が動くものを

身心必須隨時靈活變動

森本式朝の迎え方、夜の閉じ方
森本風格的迎接早晨方式，拉下夜幕方式

不同於每日規律通勤打卡的上班族，我每天的工作都不盡相同，變化萬千。有時候一大早為了酪梨的廣告，必須向法國人和墨西哥人進行英文簡報；有時候則在結束動物園的廣告簡報之後，走進籠內和動物接觸；有時候向牙醫簡報結束之後，張開大嘴，請醫生清潔牙結石，或是掃描顱骨。由於每天的行程都不一樣，所以不易制訂規律。

即使如此，為了打造生活規律，我特別注重晨掃。我提早起床，在出門前的三小時之間，打掃屋內，再泡澡淨身。最近我常「裸掃」，誠如文字所示，就是赤裸全身擦地。因為全身赤裸，所以不能坐在地板上或椅上，只能拚命擦地，再將擦拭完全家的抹布丟進垃圾桶，最後泡澡，洗淨全身污垢。

為了放空自己，我的理想是希望每天早上都能投入大海的懷抱，享受衝浪，但是

現實所限，所以替代方案就是擦拭全家、然後洗淨全身。如此一來，傍晚回到家時，打開音樂，就能享受最舒服的時間。

我只能在晨光中繪圖，所以早晨是極為重要的時間。在夕陽西沉之後，創意不易產生，所以在入夜之後，雖然會進行相關作業，但是從不思考計畫。

我本來就不喜歡日光燈，因為害怕冷白色的人工光線，所以繪圖時，我盡量選擇自然光的時間，如果光線不足，我的忍受極限是開盞小燈。在這些條件限制制約之下，早晨時間的重要不可言喻。

一日の終わりは「新聞日記」で自分を鍛え直す
一天的結束，以「報紙日記」重新鍛鍊自己

每天晚上，一天的最後，我會進行「報紙日記」。我會隨身帶著報紙，將當天前往聆聽的演唱會，或是引起我注意而偶然拾起的物品，加以剪貼拼湊。這些事

森本千絵

情，在當下的感受都是一個「點」，我畫在報紙上，然後晚上再將這些「點」連結繪製成圖。

我想要記錄每天難忘的事物，這種信念日漸強烈。在二〇一一年三一一日本東北大地震之後，家中正在實施省電運動，我決定不畫在全白的紙上，而是在閱讀報紙的同時，將自己的想法畫在報紙上，因而開始了我的「報紙日記」。當時，在核電事故的報導上，我將自己當時的心情、想法，不加思索地動手畫在報紙上。

「報紙日記」的報紙是紙，可以隨時帶著走，摺疊地皺巴巴的也無所謂。後來，無論在何時何地，我都能夠在報紙上隨手描繪記錄。而且，無論旅行或出差的目的地是大城市或是鄉下，報紙隨處可以購得，甚至還有地方性報紙。在新幹線車廂中，或是用餐完畢之後，取出報紙，貼上餐廳的杯墊，我就可以開始繪圖。

「報紙日記」始於二〇一一年，持續到二〇一二年底、在 WATARI-UM 美術館內 On Sundays 舉辦個展「en。果實」（卷首插圖XXXII）時。這次個展展出以往所有的作品，「報紙日記」也是參展作品。透過這次個展，我將自己重新歸零，所以在個展之後決定停止記錄，「報紙日記」約休息了一年，直到二〇一四年才重新開始。後來因為想要增加畫圖機會，並加強反射神經，加速下筆速度，所以才重啟久違的報紙日記。

將當時發生的社會事件，畫在報紙上，就像是每天將自己內心深處的想法，以具體的方式繪製呈現，日積月累之下，選色越來越精準快速。我現在已經能夠迅速畫出趣味十足的日記。「報紙日記」是記錄，是傷痕，所以我毫不保留地畫下自己所有的想法。透過這種「畫圖」方式，在當時所處的空間中營造繪圖氣氛。所以，無論是在海灘還是任何地方，我都能夠營造畫圖的心情。這就像是運動選手在比賽前的暖身運動。

一天的結束，我在睡前繪製「報紙日記」，這是我每天的功課。

忙しいときほど意識的に「隙間」をつくる

忙碌時，更需要刻意找尋「閒暇」

生活越忙碌，我反而特別注意的是製造「閒暇」。在工作應接不暇之間，我會試著在開車移動時聆聽音樂，設法製造「閒暇」。在正式進入工作時，慢慢轉換心情，珍惜委託案銜接之間「無謂的對話」。如此一來，能夠結束前項工作的情緒，順利進入下一項工作。所以，在安排工作行程時，我會考慮前後兩項工作之間的銜接轉換。

或許就像是DJ，功夫高超的DJ會安排播放順序，曲曲環扣、相互呼應。每日的工作就是編排曲目。所以，有時候經紀人安排的行程銜接不順，我甚至會取消某項約會，因為勉強執行，容易負傷失敗，通常會腦袋一片空白，毫無靈感，也提不出任何意見，結果只是浪費時間。所以我會判斷另擇他日才有成效。

心情的搭配銜接方式，其實非常重要，就像是音和音之間、顏色和顏色之間，就有絕對無法搭配的組合，例如不相關的兩件工作，假設我正好畫得上手，有些中途插入的討論不會影響作畫心情，有些則會破壞靈感，導致無法繼續作畫。

如果一整天的行程安排妥當，就能夠讓各個工作之間相輔相成，契合無缺。

然而，一般上班族不易自主排定流程。自己也曾歷經公司新人時期，所以深深了解。當時每天處於想像力、瞬間爆發力、技巧等高壓榨取之下，根本沒有閒工夫考慮心境或情緒。可是，現在我了解心境或情緒是穩定想像力的基礎，逐漸感受到「心境情緒」和「創作」密切關聯。

當我還在公司任職時，會議和會議之間的銜接方式，或是簡報時遇到不愉快，覺得沮喪疲累時，我會設法改變「情緒」。

當時在台場設有「VIVA! SKY DIVING」的自由落體遊樂設施，我會招呼夥伴，驅車前往台場。當我坐上這項遊樂設施，心臟像是懸在半空中，能夠重新設定運行不良的氣場，然後再返回公司，以全新心情面對工作。

搭乘遊樂設施只是我轉換心情的其中一例，不過打造這種「空閒」的方式，效果不錯。尤其是諸事不順時，別勉強在會議之間思考下一場的簡報，設法轉換心情，迎接下一項企畫。千萬避免硬撐擠出創意，而要設法轉換自己。與其企畫書多寫十頁，不如打造正常身體狀態，才能詳述簡報內容。

「居心地」と「ものづくり」の関係
「舒適」和「創作」之間的關係

「作業」的「場所」也和創作息息相關。當我還在博報堂工作時，背後常有人批評我無論前往哪個部門，「森本首先就搶佔位置」，或是「會議室都變成她的天下」。原因是我自掏腰包搬進靠墊、座椅，自製看板，到處隨興裝飾，將辦公室改成自己覺得舒適的空間，所以也怨不得他人如此批評。

就像動物築巢，即使只是住宿一晚的飯店，如果不喜歡床邊櫃的位置，我就會搬動，或是更動掛畫位置，改變成為自己喜愛的擺設方式，成為「我的風格」房間。

如果是工作場所，我會在適當的位置擺放靠墊，方便自己畫圖，改造成為方便自己行動的擺設。如果分派到新的空間，我不會立刻著手工作，而是先設法改變布置，就好像在建造自己的基地。仔細想想，從小我就喜歡東布置西布置，直到現在，這種習慣都沒改變。

自宅當然也是如此，畫圖空間中，畫筆、畫紙都各有其所，寫字檯三公分、三公分地微微移動，我徹底打造「場域」。如果是廚房，湯瓢排列位置不容更動，必要的道具一定購買齊全，甚至加入更方便料理的道具。總之，只靠著發配的用品，我似乎無法克難地投入工作。打造自己方便進行的空間，結果能夠產出良好成績，所以我願意先花費這段前置作業的時間。

每天築巢，打造符合自己心境的空間，順應自己的氣場，排定一天的行程；所以，即使身處於大氣流（或命運）當中，我仍然頑強地逆勢抵抗。

事前排定行程，偶爾仍然有突發狀況，此時就順勢而行，也是一種樂趣。當下的「心境」非常重要，所以即使是期待已久的演唱會或酒筵，如果當天的心情不佳，我寧可選擇不去。或許會被他人認為不懂得交際應酬，然而我希望重視當時的「氣場」。

感受自己，忠於自己，如果過於執著既定之事，反而容易在關鍵時刻無法動彈。

たくさんではなく、たった一人に愛されれば何とかなる
不求人多，只需一人喜愛就有希望

在服裝打扮方面，我不但重視當天的心情，也會考慮簡報場合將遇到的對象。每當覺得一天諸事順遂，事後閱讀報紙占星欄時，才發現隨著心情挑選服裝的顏色，就是幸運顏色。

我的這些堅持講究，在經常共事的美髮師富澤 NOBORU 先生面前，根本是小巫見大巫。根據拍攝的內容，他會改變自己的髮型。而且他隨時處於亢奮狀態，嗓門大，笑聲也大，一派天真無邪。我想他每日開懷大笑，心情一定舒爽無比，能夠掃

除所有的陰鬱，健康快樂地過活。既然我的功力還有待磨練，現在至少做到遵從自己的心情。

前章提及「簡報是一種饗宴」，所以我很重視最初的登場序幕，盡全力打造驚艷華麗的簡報，以便營造絕佳的第一印象，打造「Welcome to my world!」的氣氛。我希望當布幕拉起時，顧客看到即將搭乘的船隻和港灣景色時，視線就再也無法移開。

只要一開始抓住人心，就會自然地願意登上船隻，然後就隨我們掌控，即使後來遭遇暴風雷雨，也都是自然現象，只能雙方相互信任仰賴。

我希望能和共事的夥伴融洽相處，自己向來不善於虛與委蛇，所以總是直接和顧客的首腦人物徹底溝通。我認為與其八面玲瓏，博得眾人喜愛，不如取得一個人的厚愛即可。

進行簡報時，如果客戶有十人參加，我會準備十人份的資料，然而無論參加人數再多，我都視為只有一位簡報對象。人數眾多時，通常會使用投影機，說明概要，並「請兩人看一份資料」。雖然口頭說明如此，但是我一定是每人一份資料。無論人數多寡，我堅持「一對二」，展示樣品也一定是準備人數份量。例如前幾天的簡報，我也是備齊吉祥物面具的份數，逗得所有人都開心大笑。或許有人認為無需如此大費周章，然而我只要預想到「在這個時機可以採用這種方式，炒熱氣氛」，就令我雀躍不已。

如果無法打動一個人，結果就是無法打動任何人。打動許多人，其實就是打動「每一個人」。如果自己的想法能夠獲得一個人的認同，並打動對方的心，最後才能夠帶動人氣。

身体でアイデア、想いでプレゼン
運用身體思考「靈感」，以想法進行「簡報」

前述簡報針對一位對象進行萬全準備，除此之外，當場的即興能力也同樣重要。

如果運送企畫書或資料的工作人員不幸碰到電車停駛，無法及時趕到時，只要我人到現場，總能想方設法。準備周到的資料萬一不見，我也不會腦袋一片空白。無論發生哪種狀況，我可以藉由黑板書寫，口頭解釋。

平常肯定害羞不好意思、抵死不做的行為，在進行簡報時，創意已經和自己合為一體，我像是吃了熊心豹膽般，無論眼前是何方人物，我都毫無懼色。並非我擁有傲人的自信，而是我真的喜歡愉快開心的事物，總以歡樂心情面對簡報，所以能夠滔滔不絕地說明這些開心的創意，從不以為苦。

或許我不是以腦袋打造創意，而是以身體製造創意，所以已經滲入體內各處，即使手邊沒有書面資料，也不至於無計可施。資料是為客人奉上的茶點，是提高簡報力道的手段，是提供容易想像的道具，但是創意本身已經存在於體內。

最後需要的是想要傳遞給客戶的滿腔熱血，缺乏「想要傳達」的意志，就無法獲得認同。不需要華麗的詞藻，也不需要吹噓地天花亂墜。同樣的對白，演技精湛的演員能夠打動觀眾，但是也有僵硬唸著台詞、無法傳達真義的演員。能夠傳達意志的人，從不在意成功與否，只是一心想要傳達，就能夠撼動人心。

我不是要應付打點客戶，況且簡報中沒有半點虛假，也不會提出勉強無理的承諾。如果是自己無力執行、但是想要嘗試的創意，我就會老實說出，甚至毫無顧忌地詢問對方是否有適當人選。事實上，許多人都願意推薦「社內某某好像辦得到喔」。然後，我只管聯絡適當人選，一起共事，推動計畫進行即可。

力を入れるのは最初と最後、途中は楽しむ
只在最初和最後使力，享受中間過程

啟動一項企畫時，從最初開始，我會盡量和助理共享各種訊息，如果情況允許，我甚至想帶著所有助理、攝影師一起前去簡報，因為我希望相關工作人員能從起點一起放眼相同的未來方向，我希望工作人員在工作時，不是看著我行動，而是看著「和我一樣的方向」，甚至希望工作人員的衝勁能夠超過我。

先前說過，簡報時，我擅長帶隊登船，但是我的戰力缺乏持久性，所以總是在為企畫招兵買馬之際，拚命傳遞「非你不可」的延攬之意。

對方受到我的熱情感召，即使攝影師或美髮師感受到莫大壓力，仍會覺得「捨我其誰」。有了這種「捨我其誰」的想法，會逐漸忘卻這項工作是來自我的委託，覺得只有自己辦得到，甚至如果能夠產生不想讓我專美於前、單獨掛名的憤慨，我更覺得高興。最好是共事的夥伴能夠覺得「自己才是總監」，興致勃勃地投入工作，引領我一同前進。我原本是主事者，後來卻演變成為追隨者，反而能夠撞擊出趣味十足的火花。

然後在最後階段，既然獲得夥伴的熱情支持，我自當努力統整。在企畫進行期間，我不可能從頭到尾全力衝刺，所以選擇在最初和最後盡心盡力，途中則是單純享受工作的樂趣。

事必躬親肯定累壞自己，所以負責開頭和結尾，中間則交付他人。相信工作人員也是成功的關鍵。

音楽にすると感覚を忘れない
不忘記化為音樂的感覺

前面曾提及音樂是共享心境的重要道具。企畫案的氛圍如果能夠透過音樂定調，掌握方向性，接下來就能夠產生無限創意。音樂比語言文字更容易傳遞。

尋找適合工作「感覺」的音樂有各種方式，例如演唱會、廣播節目，有時是獲贈的CD，或是只看封套包裝就買下的CD等。

彙整約二十首調性適合的音樂之後，燒成一張CD，經過不斷重複播放，逐漸刪除調性不合的曲子，最後剩下約五首。運氣好時，可以立刻找到一首合適的曲子，然後無論是在會議討論、簡報或拍攝當中，一直播放欣賞。

選擇合適音樂，就是掌握感覺。語言文字和視覺無法立刻具體呈現，但是透過音樂能夠掌握感覺，協助承辦夥伴事後化為具體形式。

「組曲」的二〇一三年秋冬廣告就是一例。我的腦海當中，一開始就聽見律動感十足的音樂，並浮現女星石原里美在「某個距離、某個高度」的影像。接著我挑選出印象深刻的音樂，藉此傳達印象給音樂製作人高木正勝先生，以便為廣告編作原創曲。最初的印象先浮現出汽車一路奔馳、車窗外景色流逝的速度感，在不斷聆聽挑選的音樂節奏之後，腦中的畫面更為清楚，然後畫下分鏡腳本，誕生音樂和色彩融為一體、調性相符的作品。

書籍裝幀也是如此。為攝影家製作攝影集時，我會懇請對方燒一片喜愛樂曲的精選CD，然後我邊聽邊製作。當匯集攝影作品成冊時，想必攝影家心中早有定案，所以我會商請對方挑選符合心中印象的音樂，燒成CD提供自己參考。

薄井一議先生的攝影集《MACARONI CHRISTAN》裝幀，採用深沉有力的風格，就是源自於薄井先生挑選的音樂。此外，石田光小姐的著作《集幸福於一身：嬰兒小巧可愛的物品》，這是一本母親為兒女縫製衣服的書籍。同樣地，我請石田光小姐錄製CD，聽著音樂，腦海中浮現了攝影家市橋織江，所以請她負責拍攝。書籍紙張也是聽完音樂之後挑選的。

音樂容易共享感受。在討論階段，我不擅長找尋各種書籍提供視覺參考。但是我希望打造百分百原創的作品，所以與其透過視覺想像，不如透過聽覺想像。提供攝影集做為製作攝影集的參考，等同於命人模仿，但是如果是透過音樂，則能夠打造出和音樂風格相仿的作品，我就是想要創作出世上前所未見的作品。

傳達方式也可以運用曾經旅遊過的地方，想要提供發想創作，必須傳達「感受」才容易了解。如果提供參考書籍，則必須告知喜歡該書的哪種感覺。

広告は不意に出会うもの
廣告是不期而遇的結果

雖然我製作廣告，但是我並不崇拜廣告，也不相信廣告，或是喜歡廣告。當自己成為一位消費者觀看廣告，有時都覺得廣告可有可無。

我喜歡的廣告，不是只有呈現商品印象，而是能夠留下特別事物，或是誘發想像，令人雀躍興奮。

廣告無需前往電影院付錢觀賞，也無需確認節目表觀賞的電視節目。連續劇的電視廣告，街道旁的交通廣告，雜誌上的廣告，都出現在無預警之間。

在這種無預警的情況下，廣告使用的詞彙、照片、圖畫，如果能夠打動「現在的自己」，表示人和廣告有了美好的相遇。如果自己的廣告提供這種「好感」刺激，我會覺得很開心。

我自己很喜歡的廣告，例如一九八三年，三得利皇家威士忌的馬戲團周遊沙漠系列，或是葛西薰先生的三得利烏龍茶電視廣告系列，看著姐妹跳芭蕾舞的畫面，真是美不勝收，令我著實感受到飲用時的爽快心情。在觀賞綜藝節目或連續劇時，如果偶然遇見賞心悅目的廣告，總令我目不轉睛，沉醉其中。

蘋果電腦的「Think different.」(不同凡想)「Here's to the crazy ones」廣告系列，並非介紹蘋果商品的商品，而是展現出創造全新事物的精神，帶給我發憤圖強的勇氣。遇見這種刺激創作欲望、而非一味促銷商品的廣告，我總是心存感謝。

可是廣告可遇不可求，就好像突發事故，即使想再欣賞一次，也不知道再次播放的時間，所以才吸引人。明明是在收看連續劇，卻和廣告不期而遇，專注力瞬間脫軌。夾帶著打動人心的元素，突然展現在世人面前，這是廣告獨一無二的特性。

廣播播放的音樂也很類似廣告。打開收音機，不經意流入耳中的音樂，如果正好符合當時的心境，能夠提振精神；或是忽然聽到懷念的歌曲，感動落淚。如果每個人都能如此看待廣告，真是再好不過了。身為廣告人，期許自己製作的廣告，無論在何時何地何者觀看之時，都能有所幫助。

現下充斥著難以計數的新聞節目、連續劇、談話性節目，資訊大量且繁雜；廣告如果也拍得像是連續劇或戲劇的話，雖然有趣，但是我認為無法刺激人類的想像力。

最近的綜藝節目經常出現字幕，明明正在聚精會神地注視搞笑藝人的表演，搞笑藝人也努力抖著包袱，結果畫面上突然出現偌大的文字說明，常令我不知道究竟應該繼續看著藝人的臉還是文字，我無法理解為什麼要侷限觀眾的笑點。扼殺人類想像力真是媒體的拿手好戲。

日常生活不盡如意時，可以出外旅行，增廣見聞，但是聽說最近的年輕人根本都不出遊，那怎麼獲得想像、空想、幻想的時間呢？

所以，即使眼前出現絕妙無比、活生生的事物時，恐怕也無力想像，徒有雙眼卻不識泰山。既然有眼無珠，不識真貨，哪有能力打造出名副其實的真貨。

感動は心を動かすレッスン
感動是撼動人心的課程

我名片上印製的頭銜是「溝通總監」。這個頭銜最初使用在到津森公園動物園中舉辦的個展時（卷首插圖XVI）。

這是我生平頭一遭的個展。動物園多半是家長帶著孩子前來親近動物的場所。因此，我認為這座空間能夠提供親子在觀察動物之後，順便參觀我的個展。生物界分界門綱目科屬種，例如貓科、犬科，所以我在個展空間的標示，隸屬於動物一員的「人科」。猿猴、大象，生物特徵各有所異，而我是具有能夠創作、拍片特性的生物。

在此之前，我的名片頭銜都是廣告公司藝術總監，但是對前來參觀的兒童，藝術總監這個名號恐怕派不上用場。因為我是「生性愛好溝通的人科」，所以頭銜改稱「溝通」。

可是，仔細想想，每個人都是「溝通總監」。人與人之間溝通感情，享受人生，心生感動。既然所有人都是溝通總監，我使用這個頭銜反而更令人困惑了。

以前，曾有人在推特上詢問「如何成為藝術總監」，我的回答如下：「請讓自己不斷受到感動。」

感動是打動內心的運動，我經常感動地落淚、氣憤、大笑，常令眾人不知所措。我是個多愁善感、感情豐沛的人。我想這是一種前段訓練，訓練自己能夠處在各種角度觀察，轉換不同的自己，發現好東西好地方。

我的頭銜通常是藝術總監或創意總監，請容我僭越，代表這項職業向大眾道歉。因為這個頭銜本身就有問題，畢竟遇見感受有趣的事物，希望打造傳遞那股趣味，所以集合眾人創意，實現企畫，將無形化為有形，的確可說是一種創作或藝術監製，但是說法實在是過於籠統。可是，話說回來，如果沒有懷抱大志，例如「我要成為令所有人捧腹大笑的創意總監」，或是「我要成為能夠創造出美輪美奐、驚艷全世界的影片創意總監」，則不會產生任何結果。

「想要傳達某種事情」、「將某種表現化為武器」、「為了打造某種物品」，想要成為一名藝術總監，「想要」的想法才是重要關鍵。所以，當「想要成為藝術總監」時，就像是在說「想要成為創作人」，只能說是一種空談、缺乏實際的空想而已。

3

あくまでこだわるとき、こだわりを捨てるとき

堅持必須因地制宜，懂得堅持和取捨

流された場所で、どう生きるかは自分が決める

自己決定隨著命運起舞的方式

前面曾經提及改變命運，就像是大浪來襲，「千萬不要抵抗，隨浪逐流即可」這個道理其實是來自母親的教導。

這段故事可以追溯到武藏野美術大學的入學考試。我決定報考武藏野美術大學，所以從國三開始，就前往美術補習班。到了高三時，我已經像是武藏野美術大學的學生一樣，穿梭在校園內，還有熟識的老師和前輩。每個人都堅信我將進入武藏野美術大學就讀；自己、雙親、補習班老師也都深信我一定上榜。

沒想到我卻落榜了；原因是在補習班的日子實在輕鬆快樂，以至於我根本沒有用心讀書。不過，既然落榜了，唯有接受命運安排一途，於是我決定重考，還報名了補習班。就在開學的一星期前，我收到武藏野美術大學短期大學的通知，「本校尚餘招生名額，如果您尚未決定就讀的學校，歡迎入學。」在備取名單中，我的准考

證號碼排在最後一位。換言之，我不僅是備取，還是敬陪末座，入學資格居然還輪得到我。

我的自尊完全難以接受，打算拒絕。這時，母親開口說道：「就順其自然吧。」並繼續說道：「人生重要的不是入口，而是進去之後，如何生存。現在既然有此機緣，不如就順勢而行吧。」

對於母親的一番話，我一知半解。可是既然母親都如此表示，順其自然也許是個不錯的選擇。好巧不巧，在海外留學的補習班老師突然來電。

原來老師的衣櫃中，突然傳出機械式的聲響「沒問題的啦！」原來是來自我寄給老師的生日賀卡。老師掛心有事發生，於是撥打了國際電話給我。我驚訝之餘，詢問老師備取入學的意見，老師說道：

「短大也好，備取也好，進入學校之後，就沒有任何差異。老師勸妳考慮入學吧。」

老師的一句話發揮了推波助瀾的功效，於是我進入武藏野美術大學的短期大學部設計科就讀。

隨著命運的安排，我開始大學生涯，母親告誡我必須好自為之，我只能忍辱設法挽回名譽。

美術大學當然是聚集想要就讀美術大學的學生。一般而言，高中生在選擇大學時，都是想著要進入哪所大學、哪所名校，並以此為目標準備入學考試；想當醫生的當然是報考醫學部，除此之外，其他學生多半是進入大學以後，一邊念書，一邊考慮未來的人生方向。

然而，決定就讀美術大學的人則有所不同，從高中就立志投身藝術的人，都齊聚到大學中。進入大學之後，從此人生的方向已定，而周圍的人也都志向相仿。進入美術大學的人，內心都抱持著「想要創作某種圖畫」，或是「想要拍攝某種電影」，已經開始正式展開人生旅途。

我也不例外。在武藏野美術短大展開大學生活，一年三百六十五日，每天絞盡腦汁地設法表現、傳達、創作自己的想法。

備取入學其實算是因禍得福。落榜的打擊將我的自尊歸零，所以我珍惜每分每秒，努力創作。國中時，我就立志進入廣告公司，然而報考公司的資格，必須持有四年制大學的學歷。因此，進入短大的我，必須報考插大，而且是只許成功、不許失敗的背水一戰，我真的是拚盡全力。每週只需繳交一次的作業，我每次都交出約十件作品，如果老師的評分不佳，我就改進再提交。總之，每天勤於創作。

人の倍以上つくり続けて起こったこと
創作數量超越他人數倍的結果

我的大學時期，正逢設計界風起雲湧的劇烈變動時期。大一時，蘋果電腦興起，設計急遽轉向數位化。初期的麥金塔機體非常龐大，不可能擺放於一般家庭內使用。不過，我努力學習，希望能夠迅速熟悉蘋果的軟體，使用上手。我學會了合成之後，就找尋所有想要合成的元素，掃描所有相關的攝影集，每天晚上都前往青山書店蒐購攝影集、雜誌，埋頭製作廣告海報。

短大時期，我也選修攝影課程。雖然我不是主修攝影，當我想要進行攝影棚拍攝時，我商請熟識的照相館大叔協助打燈，學著拍攝廣告的商品。當老師的作業是「前往澀谷拍攝一捲軟片，然後創作作品」時，我認為一天只拍攝一捲軟片，無法出奇制勝，所以我帶著三十捲軟片、扛著8×10大片幅相機，搭乘電車前往澀谷。無論是哪色人種，哪國人，我都出聲拜託允許拍攝。我真的拍攝了形形色色的人，有滿臉耳環的人，紋身刺青的人，鼓起勇氣、藉機搭話的個性人士，眼神銳利的少年等。常說相由心生，人像的拍攝真是越拍越有趣。

為了沖洗拍攝完成的軟片，我半夜留在學校。我很崇拜攝影家森山大道、操上和美的作品，於是有樣學樣地列印出對比強烈的黑白照片。（現在想起來，短大時期的作業，獲得老師最大讚美的不是海報，而是這些攝影作品。）

短大的畢業創作，我也是全力以赴，製作主題是「環境問題」的五張B1尺寸巨大海報。當時，輸出B1尺寸需要花費三萬五千～四萬日圓。畢業製作時剛好碰上成人禮，所以我將成人禮和服的費用，挪為海報的輸出費用。然後再商請平日多方支援的照相館大叔，以拍攝女性成人禮照片的燈光，拍攝我和畢業作品的合照，而非身穿和服的紀念照。插大的考試，錄取人數從百人中只取一二，可說是一大難關，不過我以榜首考取。我以為考取的理由是大量的海報和設計技術，獲得認可；後來我才知道原來是「成人禮的照片耐人尋味」，評審認為「成人禮不打扮穿著和服，反而手持海報拍照，這份堅持十分有趣」，力薦錄取我的及部克人老師，後來教導我溝通的真義。

目的地をめざしながらもたくさんした遠回り

朝著目標，繞遠路而前進

及部老師是推廣「工作坊」的始祖。關於「工作坊」一詞，容後詳述。在「工作坊」

概念尚未普及的年代，及部老師請兒童採訪經歷戰亂的大人，然後將感受到的事物，彙整成為圖畫地圖，製作成海報。他也曾將兒童兩人編成一組，戴上眼罩，手牽著手，打赤腳走路，將視覺以外的感受做記號，製作學區地區。老師所企畫的活動都很新鮮有趣。

我報考插大是為了進入廣告公司，主修廣告是我的目的，從未想過選修及部老師的工作坊研究會。然而，偏偏廣告論的學科說明會當天，我不慎睡過頭，嚴重遲到的後果就是只能撿選剩下的課程，也就是及部老師教授的課程。

為了修習廣告的課程，在短大時期，我一心一意全力埋首製作數位作業。然而及部老師的第一堂課就帶領學生前往千葉縣佐倉市，參加為兒童舉辦的戲劇工作坊。工作坊不見得會留下海報等具體形式的作品。本來，我滿心期待自己將踏入平面設計世界，和崇拜已久、活躍一線的創意總監大貫卓也處於同一業界。結果竟然來到鄉鎮兒童的工作坊，只有一般庶民百姓，根本和設計沾不上邊，我的心情盪到谷底，沮喪地覺得自己報考插大，才不是為了學習這類事物。

當時，除了大學課程之外，我還同時進修「文案養成講座」，因為我一心想要製作廣告。不過事實上我錯報了講座。

我其實並非想要進修文案，而是想要進入雜誌《廣告批評》主辦的「廣告學校」。雜誌《BRAIN》的招生是「文案養成講座」，而雜誌《廣告批評》招生的是「廣告學校」。我分不清兩者的異同，所以就報名《BRAIN》主辦的「文案養成講座」。理所當然地，文案講座的講師都是文案撰寫人，其中也有來自博報堂的講師，但是我崇拜的大貫卓也、佐藤雅彥、葛西薰等設計師，一個也沒現身。沒有一位同學來自美術大學，而都來自早稻田大學、慶應義塾大學等普通學科的大學生。不過，講師陣容堅強，仍然是難得的經驗，而且還習得廣告的文案寫法。

其中印象最為深刻的課程是電通的文案寫手白土謙二。

當時的課題是「玻璃杯內放入冰塊之後，再注入威士忌。這種情景的文案應該如何寫，才會看起來是一杯誘人的美酒」。同學提出各式各樣的文案，白土先生說道：「不要只追求詞藻華麗，文句優美。請想想冰塊滾入玻璃杯中，液體注入的瞬間，是不是像是冰河或岩石的迸裂聲呢？運用這種大自然的音效，反而聽起來更為誘人。」「沒有冰塊迸裂的聲音，也可以運用山中的聲音。」白土先生講授運用逼真的擬聲詞也可創造出精采的文案。

另外還有一堂課，對我也是影響深遠，講師是來自外資廣告公司Wieden+Kennedy Tokyo的佐藤澄子。在這堂課上，我認識了creative brief（創意策略單）這個單字。創意策略單的意義是製作廣告時，為了統整廣告企圖，歸納總結出廣告的戰略。創意策略單以「溝通主題」、「創意主題」、「藝術監製主題」等三項主題構成，是一項將廣告製作指南統整歸納成資料的作業。

「溝通主題」在於釐清這項任務或使命如何帶動商品；「創意主題」則是運用哪種表現，如何感動人心；「藝術監製主題」則是為了達成使命，將運用哪些色調等具體的決策。在清單上記下這些事項，我發現將廣告戰略理論化非常有趣，所以在提交大學設計作業時，我也會製作創意策略單。

當然，應該找不出有任何美術大學生進行這些步驟，老師都深感興趣。所以在大三時，為我引介畢業於武藏野美術大學、任職於博報堂的職員，從此每週一天，我在博報堂打工幫忙。

進入博報堂任職是我的願望。所以大一時，刻意挑選博報堂附近的駕訓班，因此我早已非常熟悉附近的地理環境。由於已經持有駕照，我很囂張地自己開車通勤，並獲得繪製電視廣告計畫草圖的機會。因為在學校只修工作坊的課，所以透過進修文案講座，能在校外獲知廣告第一線現場的狀況。

外側をデザインするだけなら誰でもできる
表面設計，任何人都可行

大三下學期，我獲得向博報堂的宮崎晉先生展示作品的機會。宮崎晉是培育出大貫先生、佐藤可士和的藝術總監。我對自己的經歷相當有信心，暗自竊喜自己又更接近廣告一步了。

我帶著作品集，其中包括大量的海報、平面設計作品。可是，宮崎先生只瞄了一眼，就毫不留情面地砲轟批評，「無聊透頂！的確有視覺效果，有文案，也有不錯的合成作品，但是完全無法打動我的心。這類自以為是的廣告作品早已氾濫成災，沒有觸動內心的設計，毫無新意。」

我自認本領高強，能夠製作出耐人尋味、趣味十足的廣告，所以宮崎先生的評語有如五雷轟頂，雖然難以服氣，卻無以反駁。

但是，這番評語讓我得以重新思考「廣告是什麼」。只是表面外觀的設計，人人辦得到。可是，廣告是溝通，如何制定廣告的核心，才是最重要的。

於是，我收起蘋果電腦等所有的電腦，決定不依靠任何數位技術，將大一到大三製作的所有海報創意，重新整理，在後來的半年中，製作了超過以往數量的海報。

大學的畢業作品，我以溝通本身為主題，心想如果能夠打造出連結新人際關係的裝置，應該相當有趣。我請教及部老師，也和上岡祐司同學討論，根據富勒法則，將三百多片三角形小紙片，組成直徑三公尺、類似網格穹頂的球體。組合紙片的作業，除了上岡同學之外，還動員其他大學熟人，在年末假期時偷偷溜進學校，觸怒了學校警衛，在寒冷哆嗦中辛苦完成。（順帶一提，上岡同學後來成為造型藝術家，我倆的緣分不淺，後來繼續一起為mono。goen。攜手創作。）

畢業作品取名為「線條機器」（Line Machine）（卷首插圖Ⅱ4）。觀者走到球體的正下方，轉動附有畫筆的握把，就能夠畫出線條。上方裝置CCD鏡頭，能夠將正在繪圖的觀者臉部投射到螢幕上。一個人畫完線之後，下一位接力作畫，於是線線相連，最後連成「一幅畫」，成了一件不折不扣的溝通工具。

有趣的是，視覺傳達設計的老師看到這件畢業作品，表示「如此巨大的立體作品，不是平面設計，無法評分」，所以交給空間設計的老師；空間設計的老師則說「這種不能算是空間演出，應該算是建築吧」，於是再轉給建築老師，沒想到建築老師指出「應該不算是建築，而是空間設計吧」。結果我的作品無法歸類於任何科系，卡在半空中，誰也無法評分。現在回想，其實從那時開始，自己就沒有所謂的「界線」或「極限」。

國高中的女校時期也是如此，我從不隸屬於任何團體，總是遊走各方。這種傾向也反映在創作上，已經出現「存在於此處，卻不存在此處」風格的作品。

同時，我深深受到「圓」的魅力吸引。當我望著完成的大球體，不由得覺得「球體真是太美了」。圓周率的計算永無止境，「圓」的魅力永無極限。後來，我在工作上打造了不少運用球體的作品。

広告まであと一歩
距離廣告，還差一步

求職面試過程，充滿開心快樂的回憶。在前往應試之前，母親總是提醒我「先灌杯黃湯下肚，免得緊張出錯」，我謹遵母命，豪爽地大口灌下日本酒；我的酒量淺，立刻就有幾分醉意，心情大好，所以才會每次應試都歡樂無比。

因為「長年夢想即將實現」，讓我滿心雀躍。國二就立志投身廣告工作，現在終於能夠夢想成真，向博報堂或電通的創意人展現自己的作品，暢談自己的志願和夢想。每每想到自己即將能夠著手製作廣告，向世界發聲，就亢奮難抑。

面對電通的考試，我放棄了數位製作，以壓克力製作立體的拉洋片，上方先投入硬幣，所以在換片時，硬幣會鏘啷、鏘啷地落下。洋片上畫著身體圖，串成一個自己的人生故事。透過硬幣帶動機關、依序闡述人生的故事，最後會出現無孔的壓克力盒，變成為一個硬幣只能投進、無法取出的存錢筒，光明正大地騙取考官投錢。有些考官甚至樂此不疲，嘗試「投入伍佰日圓硬幣」。結果，應試竟然還能賺錢。

博報堂的考題是「法國和日本」主題海報。考試規則只註明「B2尺寸」，並未標示禁止立體作品，所以我製作了立體作品，外觀是一條法國麵包刺入相機的鏡頭中；其他還有當初遭到宮崎先生批判「無聊」、在半年之間重新製作的大量海報。我徵用兩台兩噸卡車搬運自己的作品前往考場。考試規定一人只能發表一件作品，我嫌一件不夠，所以我的作品數量引起考場一片譁然，紛紛議論「這個女生究竟是何方人物」。我甚至狂妄地說道「我製作的作品都無需說明，所以我就不另行說明」。

第一回合的考試之後，我就獲得電通和博報堂的錄取通知。大二時在博報堂實習，我請教當時認識的前輩應該如何抉擇，他回答「自己的人生自己決定，忠實順從自己的心意即可」。

前輩的回答，和母親在我進入短期大學時的回答一模一樣。「自己決定」成為支持我的力量。於是，一九九九年春天，我進入博報堂。

仕事も世界も「クレイジーな人」が変えていく
工作和世界都因「瘋狂的人」而改變

決定進入博報堂，我非常高興。不過，從事廣告工作是我多年來的心願，所以我並不因此自滿陶醉。

反而是自命不凡地認為「現在的廣告實在是無聊透頂，我得趕快開始製作廣告」。從電車車廂廣告中，雖然能夠了解想要傳達的資訊，卻感受不到任何溫度，我的內心只覺得廣告絕非如此，所以一心只想立刻著手製作絕非此類的廣告。

令我深受衝擊的廣告之一，是我剛進大學時所看到的蘋果電腦廣告宣傳「Think different.」（不同凡想）系列。

廣告的開場白是「這裡有一群瘋子」，畫面上出現愛因斯坦、約翰．藍儂、畢卡索等象徵二十世紀的人物，以及廣告文案的旁白「有些人當他們是瘋子，我們則視他們為天才；因為深信自己能夠改變世界的人，才能夠真正改變世界」。這個廣告的海報，我一直貼在自己房內的書桌前，不斷地鼓舞自己。這支廣告在日本的代理公司就是博報堂。

以往的廣告業主多半是大企業，例如啤酒、汽車。不過，大貫先生、佐藤雅彥先生當時已經開始製作富士電視台的廣告，或是豐島園的廣告，以「游泳池沁涼透心」、世上最糟糕的遊樂園」加以宣傳。兩位前輩告訴世人，即使以往從不曾打過廣告的企業，也能夠因為「一項創意掀起話題」。

從那時候開始，我了解到廣告不限於紙本媒體。最初以為是怪人的及部老師，但是從他的工作坊課堂上學習到的事物，以及自己的畢業設計作品「感應裝置」，種種尚未成形、卻迫不及待躍躍欲試的想法，不斷湧現，只等著我去實現。

ワークショップは人の可能性、想像力をデザインするところ
工作坊是設計人的可能性和想像力之地

本篇想說明我在學生時期，從及部老師的工作坊課程中所學習到的內容。及部老師的諄諄教誨，深深影響我的廣告思考模式。

事物的最終目的地，在於「確實獲得某種結果」。然而起點和目的地之間，有時會窒礙難行，或是在直行無礙的道路上，因為欠缺吸引力，轉往吸引注意的歧路上，所以觀點產生一百八十度的轉變。然而，很多事物往往就在觀點改變之後，能

夠發現不曾見過的另一種吸引力。

工作坊就是鼓勵參與的每位成員主動發掘還未發現、更具魅力的「地方」，再設法引領自己轉回目的地。工作坊是誘發人類向前邁進的隱形力量，設計並建構人類的想像力。所以及部老師說工作坊是一種設計，想要有所收穫，需要設計者的能量活力、精密計算和經驗。

現在大家常聽到工作坊一詞，我也常接到客戶委託舉辦工作坊；不過大家口中的工作坊通常是「一起畫圖」，或是「一起燒製陶藝作品」，而及部老師所教導的工作坊，則另有他意。

我舉辦的工作坊，必須制定確實目標，向參加成員展現未來的遠景，以便建立每個人所具有的能量和意識。

ただのコップがかけがえのない形見になる
普通的茶杯，也能成為無可取代的紀念

再介紹另一種工作坊的想法。

工作坊的其中一位成員帶來自己的寶貝物品，大家輪流傳看，當物品傳到自己的手上時，必須發問「為什麼這是寶貝物品」？舉例來說，大家輪流傳看我的寶貝物品——茶杯。當我娓娓道出「這個茶杯是和奶奶最後一次見面時，一起聊天喝茶所使用的茶杯，所以深具意義」，這段話會為物品注入無形的力量，當這件寶貝物品傳到下一位手中時，就會發揮不同的效果。茶杯有了主人的回憶和故事，其他人看待茶杯時的意識會有所改變。

所以工作坊並非只是「大家一起來手作」，而是啟發參加者了解傳遞重要事物是怎麼一回事，並慢慢調整成員看待事物的觀點和意識。所以工作坊的執行，在抵達目的地之前，其實一直都在繞路而行，絕非簡單的隨興創作。

兒童畫圖工作坊的目的，也不是在白紙上塗塗抹抹就皆大歡喜。如果目的只是在白紙上塗塗抹抹，想必有些兒童什麼都畫不出來，有些兒童則是整張紙塗滿各種顏色，或是有些兒童輕輕鬆鬆就畫出一幅漂亮的作品。可是，如果撕開大張畫紙，發給兒童在時間內自由發揮，最後再拼回一張大畫紙。如此一來，即使有繳白卷的兒童，為作品帶來留白空間，也還是能成為一幅與眾不同的作品。

其實，圖畫根本不是重點，而是告訴那些畫不出來、或是勉強作畫的兒童，自己也有力量「成為畫作的一部分」。兒童能夠了解到畫圖並非只是將顏色塗滿不留白，或是必須畫得可愛俏皮才行。兒童能夠體會到表現出自己不會畫圖也是一種溝通。工作坊是希望透過作品、或是想要創作的意識，相互感受了解對方，藉此傳達並解放自由的意識。

從短大轉入大學就讀時，因為廣告科系說明會那天遲到、只好無奈選擇及部老師的研究會，現在反而為我的人生帶來無限寬廣的視野，令我體驗到人生變化莫測，樂趣無窮。

森本千絵

強烈な個性の先輩たちが教えてくれたこと

個性鮮明的前輩所教我的事物

進入博報堂之後，最初分派到製作廣告的第一製作部門。當初選擇進入博報堂是為了能進入宮崎先生、大貫先生、佐藤可士和先生、佐野研二郎先生、永井一史先生等人所屬的第三製作部門，製作平面廣告；然而在公司新人研習時，我奉行及部老師所教的思考模式，簡報總是多采多姿，絕不低調。所以，公司內紛紛議論：「今年有一位新人怪怪的，可能對廣告或企畫比較拿手，而非設計，」所以才被分派到第一製作部門。

我的預定計畫又再次走調。可是，我又因意外而得福。

第一製作部門裡，個個都是個性鮮明的人。我隸屬的黑須團隊領導人是黑須美彥。博報堂設有導師制度，每位新人跟隨導師實習訓練，我的導師正好是直屬前輩。可是我才剛進公司不久，導師就請了長假。

某天，必須向大企業進行報紙廣告提案的簡報；可是，我的導師請假未出勤，所以還是新人的我代為披掛上陣，和文案一起前去簡報。由於大學時的實習經驗，我多少了解一些現場知識，然而我從未參與過報紙廣告製作。面對第一件不可能的任務，我只能硬著頭皮、穿上筆挺的套裝，前往大企業公司，向宣傳部門進行簡報。

一位同事，和我同時期進入公司，隸屬第三製作部門，很快就獲得賞識，從事企業海報的製作，並獲得大獎，海報作品還貼在牆上，真是風光。反觀自己，導師不見人影，坐在鄰座的前輩只想當個ＤＪ，三五不時地邀我參加ＤＪ活動，不然就是向我推薦專輯。身邊盡是一堆怪人。

打造豐田 Funcargo 廣告，以及任用娜歐蜜・坎貝爾拍攝「ＴＢＣ」廣告的瀧澤 TETSUYA 創意總監，其實也是一位怪人。聖誕節時，他在我的辦公桌上擺放綁了緞帶的生雞肉，或是坐到有輪子的椅子上，命令我「我要移動，森本，將我運到會議室」。我遵從他的命令，像是推著輪椅一般，將他推進電梯，再推到會議室。這個團隊中，集結了個性千奇百怪的成員。

例如，我的前輩非常講究用餐。他們堅持「如果沒有美食下肚，就沒辦法設計」，所以下達「禁食便利商店食品」指令。託前輩的福，還是新人的我跟著他們到處享用美食。而且，大家想吃什麼，就點什麼，毫不節制。等到飽餐之後，看到盤中還有剩菜，就說「森本要負責吃完」，逼迫我清光盤中剩菜。結果，我的體重與日俱增，整整胖了十八公斤。瀧澤先生看著發胖的我，居然還笑道「咱們繼續餵食飼料，將森本養成大胖子吧」。

プレゼンは夢を見せるおもてなしの場

簡報是展現夢想的饗宴

第一製作部門，並非全員都乖乖坐在辦公桌前，齊心打造提升業績的海報，反而像是個自由工作者的集會場所。現在已經是名導演的中島哲也先生，當時是黑須團隊的總監，常坐在我的桌旁描繪腳本。這個部門經常有公司外人士進進出出。

因此，廣告企畫並非單方面由公司掌舵，控制企畫的方向，還有中島先生、關谷宗介等導演也共同參與，共同發想。所以常會分不清誰是真正的公司職員。有位設計師星野芳輝，我以為他是非常資深的公司職員，後來才發現他是公司編制外的設計師。我的直屬導師長期休假、不見人影，所以我向這位星野先生學習報紙廣告送廠印刷的方式。其他出入博報堂的人員，例如印刷廠員工、影像導演、攝影家等等，都教導了我各項事務。每個人都各有專精，傳授給我專業的知識，反而是博報堂的直屬前輩並沒有教導我太多的實務技巧。

瀧澤先生教我簡報的樂趣所在。相較於製作，他更樂於在人前進行簡報。每次簡報，他總是命令我製作小冊子，或是構思各種發展實例，或是製作影像，甚至我還得表演布偶戲。

瀧澤先生表示「簡報是最頂級的邀約招待，是精采絕倫的表演秀」。在簡報當中，夢想可以無限拓展。顧客的商品是廣告的主角，簡報就是提供顧客更多夢想，展現商品潛藏的可能性，激起熱情，鼓舞士氣。總之，重點就是如何引領顧客進入夢想世界。

廣告的最後階段——化為實際作品當然非常重要，不過僅靠一己之力並無法完成，需要大家的通力合作。提供終端使用者——消費者購買和使用的商品，則是客戶所製造。瀧澤先生告訴我，廣告人只有簡報場合能夠展現自己的真功夫。我將其定為行動方針，奉行不渝。

来た道はすべて肯定していく

肯定自己一路走來的經歷

瀧澤先生引介的藝術總監手島領先生，或許可以真正算是我的導師。他是第一位願意放手讓我製作時裝品牌「COMME ÇA ISM」店內展板和海報的人。

現在回想起來，雖然在研修期間被發配到第一製作部門，其實是塞翁失馬，焉知非福。不過，也因為我樂在其中，所以才能夠覺得自己是何其幸運。如果只是內心充滿怨懟和不滿，可能就會成為一個痛苦的回憶。總而言之，對於過去的事情和自己的選擇，我始終抱持著肯定的態度，從不以對錯判定。

受到黑須團隊的薰陶，我對於團隊人選也特別挑剔。設計師基本上都是一人獨力包辦所有工作。其實一個人工作反而簡單無礙。可是，在黑須團隊中，我見識了、並已經習慣了各方人馬齊聚一堂，為了一件委託案集思廣益。如果任用期待合作的成員，自己更會燃起熊熊幹勁。所以，人選非常重要，即使只是坐鎮不動都無妨。因為我希望在朝著目標邁進的路途上，攜手前進的同伴之間能夠產生各種化學反應，並且共同分享沿途所遇見的景色。

自分が音楽を奏でられるとしたら
如果是自己演奏這首樂曲時

剛進博報堂、尚是新人的時期，周圍大概以為我是一個每天徹夜工作、仍然活力充沛的人吧。面對每件委託案，我總是連夜製作上百種版本，張貼在牆上，等到早上時，甚至還詢問清潔阿姨的意見。

每當我在辦公室中熬夜趕工時，黑須團隊的鄰居——青田團隊中，總是傳來一個男同事大力敲打鍵盤的聲音，實在擾人。從他敲打鍵盤的聲響，我可以感受到他的手指力道，身處在同一樓層，只剩下我和他兩人熬夜加班，我實在不解「為什麼寫封信需要敲打地這麼用力」。這位仁兄是一位創意總監，他的大名是松井美樹。

黑須團隊曾經因故暫時解散。最初，公司還在考慮如何處理我的去向，後來公司改變政策，決定提拔年輕一輩成為團隊領導人，松井先生當時年約四十，獲選成為團隊領導人，我則轉編進入他的團隊。

這位松本先生突然問我：「森本，妳知道 Mr.Children 嗎？」待我詳細追問之後，才知道 Mr.Children 的製作人小林武史先生認識松井先生的親戚，所以前來委託製作 Mr.Children 的精選輯廣告。主唱櫻井和壽因為小腦中風而病倒，暫停了演藝活動，這張精選輯是病癒復出的第一張作品，所以十分重視自己想要表達的訊息，打算刊登廣告。松井先生接下了這份工作委託。

可是，博報堂在製作大企業廣告的方面，經驗豐富。音樂方面的經驗，只有箭內道彥先生在獨立開業「風與ROCK」之前，為彩虹樂團製作的廣告，以及淘兒音樂城的「NO MUSIC, NO LIFE.」。當時，博報堂在音樂方面的經驗真是乏善可陳。而且，那時我也幾乎沒聽過Mr.Children的歌曲。可是委託案是團隊必須負責製作報紙的全版廣告。

然而小林製作人在聽過前輩的簡報提案之後，接連否決。其中雖然還有文案寫手發想的提案。不過小林製作人只說「我們不需要文案，如果需要的話，櫻井自己的話就可以了」。對於滿載廣告理論的視覺提案，他甚至大怒吼道「我要的不是這種！」「我不要再聽簡報了，你們都不用再來了」。現場氣氛凝重嚇人，再加上博報堂的業務人員只是一味鞠躬道歉，惹得小林製作人更是怒不可遏。

在這樣的窘境當中，我的提案排在最後上場，松井先生對小林製作人說「森本還是一名新人，就請您再看看最後一位吧」，我現在依然清晰記得自己顫抖地遞上簡報資料。

音楽に寄り添うようにつくった広告プレゼン
和音樂並肩而行、製作而成的廣告簡報

我呈上的兩項視覺提案是「水滴」（卷首插圖IV V）和「防波堤」（卷首插圖VI VII）。「水滴」的視覺概念是「解除封印」，我希望讀者在翻開報紙時，能有驚艷的印象。「防波堤」的視覺靈感，來自松井先生製作的日產汽車廣告系列「回憶更勝物質」，我原本就非常喜愛這個廣告。當松井先生秀出沖繩拍攝現場的照片時，立刻觸動我的靈感。

照片中，在沖繩的天空之下，防波堤上寫著「認可」的短詩，還描繪了色彩鮮艷的圖畫。

在每日生活的景色當中，各有主題歌，會隨著自己的生活方式而變化。無論是晴

天或雨天，總是有著歌曲。當我看到那張照片時，只覺得這些事物或許都是一首首的歌曲。

防波堤上既然可以題詩，當然也可以題歌。松本先生和我本來就希望能夠打造一支廣告，能夠像音樂般深深打動人心。所以，我想出和音樂密切相關的廣告。

小林製作人非常中意我的兩項提案，所以決定都採用。「水滴」使用在報紙上，應該饒富趣味；「防波堤」的風景視覺則適合用於橫長型海報，而非報紙，最後決定用在電車車廂內的吊掛廣告。

報紙廣告的「水滴」照片委託瀧本幹也先生，後來我也經常和他合作共事。瀧本先生是我在第一製作部門時，經由手島先生介紹認識。當時，瀧本先生還年輕（和我同年），剛獨立開業不久，所以應該沒有太多廣告相關的工作經驗。我們兩人都是初出茅廬的年輕小子，Mr.Children 委託案可以算是我們的大型案件處女作。

第一次碰面討論的場所是在新宿的居酒屋。我先告知瀧本先生「水滴」將用於報紙上，並請他攜帶注射器前來居酒屋。等到坐定之後，我們二話不說就在居酒屋的桌子上，攤開報紙，開始實驗使用注射器滴下水滴，觀察會形成哪種模樣。我們觀察水滴的實際情況，然後再真的滴水在文字訊息上，拍成照片，而非合成文字和照片。

歌に導かれて人と人が出会う
音樂引領著人和人之間的相遇

製作報紙廣告「水滴」的同時，還必須製作「防波堤」海報。我和瀧本先生找尋松本先生所披露的照片中，那位在防波堤上題詩繪圖的作者，我們希望委託作者描繪Mr.Children 的歌詞。後來是沖繩的島袋專員協助找到作者。

防波堤其實位於醫院管轄區內的海岸邊。這間醫院每年都製作月曆，使用窗外風景的圖片。醫院留有在防波堤上繪圖的作者資料，原來是當時仍是國高中生的一對姐妹。

沖繩的拍攝計畫是兩天一夜。我們預定抵達的當天早上，立刻開始動筆描繪；所以搭乘早班班機抵達沖繩。從機場前往防波堤途中，我戴上耳機，一路聆聽Mr.Children 的歌曲。進入博報堂任職，擔任藝術總監，這是我第一次獨挑大樑，而且這趟沖繩的旅伴是同為新人的瀧本先生，望著車窗外向後飛馳而去的風景，感覺 Mr.Children 的歌曲正好唱出自己現在的心情。

作者之一的姐姐說道：

「最初接獲電話的時候，我們開心地流淚了。沒想到自己的隨手塗鴉，竟然能夠串連起喜歡 Mr.Children 的歌迷。」

歌曲能夠為人牽起情感絲線，產生許多動人的故事。

彷彿是歌曲的魔力驅動著，我們才能夠來到沖繩，我的內心澎湃不已，在前往防波堤路上，感動地落淚。

作者之一的妹妹說道：

「我想用食指沾顏料，一邊感受疼痛，一邊描繪歌詞。」

不過鏡頭無法捕捉到疼痛；而且以筆作畫，或是以指作畫，畫面也無法呈現出兩者的不同。即使如此，我還是接受姐妹想以這種感受作畫的心情，同意她們以指作畫。防波堤的水泥會導致手指脫皮。不過，畫到一半時，醫院的人、姐妹的朋友都前來協助，結果所有工作人員都以指作畫。

在太陽下山、天色暗黑之後，當地的居民則以車燈照亮防波堤，提供眾人能夠繼續作畫。繪畫作業直到夜深，才終於大功告成。畫完之後，我們預定翌日早上進行拍攝，所以先回飯店用餐。沒想到半夜突然下起傾盆大雨，本來以為顏料是油性，應該沒有問題；在詢問確認之後，才知道顏料是水性的，我們急忙趕到堤防旁，發現當地居民已經蓋上塑膠布保護畫作。一股暖意不禁湧上心頭，一件作品竟然能夠獲得這麼多人的鼎力協助，我真是既開心又感動。

広告は一瞬、しかしそこに込められた過程は永遠
廣告的呈現是一瞬間，其中刻畫的過程卻是永遠

翌日早上，雨停之後，我們準備進行拍攝。但是，瀧本先生卻說「必須等雲都散開了」。於是，癡癡地等了一天，我們終於拍到一張，製成海報。瀧本先生認為與其拍攝感性照片，不如拍下蔚藍的天空，再加以設計。他將底片拍攝而成的照片，刻意使用數位輸出，削除無謂的感性，展現一片無垠藍天。

這次的製作過程如此感動人心，所以我覺得更需要紮實的設計，自己必須全程負責，直到完成作品。

最後的印刷程序，我也親赴現場監督。雖然，報紙廣告的印刷時間是在清晨三點半，我仍然前往位於品川的印刷廠。我似乎是第一個願意親自到場的藝術總監，所以印刷廠大叔特別賣力，並告訴我「如果背面的報導墨色過深，印出來就不漂亮了」，所以將背面的墨深調降了兩成。清晨四點，當我拿到印刷完成的報紙時，感

動地嚎啕大哭。回到家之後，我根本無法入睡，一直引頸盼望著日報派送到家。印刷「防波堤」的海報時，我也親自到場。海報張貼在全國主要的交通機關，不過，沖繩並沒有交通海報，所以當時在現場協助的居民無法看到成品。於是我自掏腰包，帶著海報飛往沖繩。瀧本先生表示也願意同行。抵達那霸機場時，前來接機的姐妹，一看到我就立刻放聲哭泣。我詢問了原因，才知道描繪在防波堤上的歌詞，被視為塗鴉，全部遭到抹消。

其實，廣告和音樂都是瞬間消失的事物；然而廣告所傳遞的訊息，在這件委託案中，將永遠保留在 Mr.Children 的CD當中。因此，即使歌詞遭到抹去也無妨。後來，某市曾經委託「為了振興觀光，請再畫一次同樣的圖」。我拒絕了。因為我認為廣告不是適合留存的事物，也不應該做為觀光標的。在那道防波堤上畫下的歌詞，已經確實地刻畫在每個人的內心當中，在那個瞬間，我完全信任那對姐妹，也知道這種相遇，自己一人是無法獨力創造的；因為在那個時刻，那個瞬間，融合了無所取代、彷彿念力般的事物。

後來，我和那對姊妹一直保持聯絡，甚至因為這段緣分，我有幸前往沖繩縣立藝術大學，站上授課講台。

這張海報和後來Mr.Children的專輯《It's a wonderful world》車內廣告，都獲得東京藝術總監俱樂部的ＡＤＣ獎。第一次獲獎，我當然開心無比。不過，委託業主、曾經參與的人也為我獲獎而高興，我才體驗到原來這種感覺竟是如此美妙。這次的工作成為我對廣告的信念基準。

當時，那對姊妹說道：

「當有所行動時，想要動手畫，想要表達，這一連串的過程或許才是最重要的。」

廣告和人類都需要培育。所以，創作人重視製作的過程，懂得必須誠實面對自己，並堅信自己全程細心製作的作品，即使無法打動所有人，但是一定會留存在某些人心中。這份工作，讓這個想法深深烙印在我腦海。

從此以後，如果委託案的製作過程毫無想法或感動，我絕不承接；當然，這項原則將繼續堅持到未來。

4 本物の追求

追求名副其實的真正事物

土から耕し、根っこから変えていく
從耕土著手，從根改變

我認為所有事物「未來藏在土壤中」。重點不是在枝葉等肉眼可見的部分，而是前半段的發芽環境。土壤的耕耘，扎根、深根才是最重要的。

所以，當我參與成立 kurkku 的設計時，希望餐廳或咖啡店能夠認識到食材生產者的臉孔。當時負責監製 kurkku Kitchen 所有菜色的總主廚神田裕行說道「未來藏在土壤中」，我深有同感。

環境培育人，植物也是同理，土壤的狀況不佳，就無法健康成長，無法盡情伸枝展葉。所以想要美好的未來，就必須擁有強健的根部。我在製作廣告時也是相同，如果廠商不改變想法，投入再多再好的廣告都無法改變現況。

尤其廣告的執行期間有限，通常設有一定的時間。即使廣告效果留下良好的印象，然而如果下一位負責人改變做法，則又歸回原點。宣傳表面可見的部分，就只像是「牙齒的銀牙套脫落了，再重新安裝更精良的銀牙套」罷了，因為問題根源是牙齦，治療牙齦才是根本解決之道。所以，我總是告知對方「要先從牙齦開始治療」。不過，要從根本改變，必然耗時耗力，不過為了將來著想，我願意助客戶一臂之力。

因此，客戶明明只有委託廣告設計，但是對於宣傳的陣容、對方的心理建設、商品本身的特性或單價等，我總是忍不住表達自己的意見。於是，委託案件本身不再只是他人的事，客戶公司的商品變得像是自己的商品，更能和客戶擁有同理心，衷心希望推銷這項商品。如此一來，每件工作都功德圓滿。

北九州市的到津森公園的動物園委託案就是一例。最初只是動物園邀約在畫廊空間舉辦個展。這件邀約緣起於某次對談，我認識了岩野俊郎園長。在談話當中，對於園長的「人和動物的共生共存方式」、「自然」、「地球環境」等想法，深有同感。因為這次對談的緣分，我獲得在動物園舉辦個展的機會。然而，我不想單純舉辦個展，還希望深入探討動物園的存在意義，在園中舉辦不同於以往的交流活動。於是，我想出主題是「動物園／可行可做」的「動物園 goen°」企畫，整理歸納出三十項企畫，匯集製作成書籍形式。後來，我甚至參加動物園和市民的會議，以交流人員的立場，參與思考動物園的未來方向。

最近，地方政府的委託案件增多，有時會遇到如何造鎮等會議或提案。由於是造鎮和空間的提案，其他參與的創意人多半是建築師；我的提案則以城鎮居民的生活交流活動為主題，強調「舒適」「好奇心」「感性」等重要性。二〇一二年，隈研吾在新潟縣長岡市建造市政廳廣場「Aore 長岡」，我負責藝術工作和工作坊，並在二〇一四年獲得日本建築學會業績部門的獎項，據說藝術總監能夠獲得這個獎項是罕見的特例。我只覺得自己的「界線」似乎越來越模糊了。

人を想い、未来を想像する
思考人類，想像未來

二〇〇八年三菱地所的「想像力會議」的廣告委託案，也是一件從內部改變的工作。這是和兒童「一起打造以未來為主題的城鎮」系列，我們舉辦工作坊，邀集百位兒童集思廣益，想出各種創意和企畫。所以，企畫人員都是兒童；最後邀請平面設計師田中秀幸製成CG，化為實際形式。

每個月舉辦的coen。（卷首插圖XVII）是邀集兒童參加的工作坊。其中，一位參加工作坊的六歲男生說「製作流星很簡單啊，使用大大的厚紙箱做成星星，然後拉開一條大橡皮筋，厚紙箱星星就會咻地飛出去啦」；或是「閃閃亮亮的道路也很簡單啊，將糖果紙貼在道路的各個地方，再用家裡點燈投射，就會閃閃發亮了啊」。聽完他的想法，我真心覺得如果能夠實現一定很精采。兒童工作坊為我啟發三菱地所的靈感。

森本千絵

兒童的各種想像力不因成長而中斷，所以城鎮一定會更加美好。相信想像是一種無限自由，才能夠誕生真正美好的未來。

三菱地所打造城鎮街道，是一間為人類著想、重視人類想像力的企業。所以，為了廣告而舉辦的工作坊，不僅兒童參加，當時三菱地所社長以下的員工，例如行銷企畫人員、設備人員、安全警衛等跨部門員工，都參加這項「想像力會議」。「思考力」是打造未來城鎮的構想力。「思考力」是考慮人類生活的洞察力。「思考力」是打造嶄新價值的發想力。透過這些概念，以人為核心，而非城鎮，大家如同在辦家家酒般設計打造日本。

大人和兒童一起想像未來。「想像力會議」不僅製作廣告，更徹底改變心底的想法，連接到未來。三菱地所是一件充滿樂趣的委託案。

我參與的廣告系列已經結案。當時的社長也已換人，並製作全新概念的廣告。我覺得好不容易培養出的「枝葉」，實在不應該無情折斷，而應該在參與人士的那片心田中，慢慢耕耘，確實扎根，才能夠連接到未來。如此一來，即使自己不再參與相關工作，那片土地仍然能夠繼續培育人才。

無論委託工作是什麼，我是創作人，同時也是商品的消費者。所以，商品和企業能夠朝著良好方向邁進，也能夠讓我的將來更為美好。

信じる念が、人の心を動かす力
深信不疑的信念是撼動人心的力量

相信想像力，在於是否相信看不見的事物。有些人會劃分「夢境和真實的界線」，我認為這是錯誤的，我認為相信看不見的事物，能夠打動人心。

對我而言，夢境的原點就是聖誕節。直到如今，我依然相信世上有聖誕老人，在這個分享無償的愛和喜悅的節日主題當中，透過歌曲、繪本、聖誕樹等各式物品，全世界的男女老幼都能夠參與，實在偉大，令我又敬佩又嫉妒。

為了可口可樂的聖誕節宣傳活動，海頓·珊布（Haddon Sundblom）畫筆下的聖誕老人，表情和動作打動全世界每個人的心。雖然是廣告的策略，但是相信世界上真的有聖誕老人，就能夠和其他人共享這種溫暖人心的氛圍，這支廣告也讓可口可樂更貼近生活，更有親切感。

廣告是「枝葉」。如果只是一口否定「世界上怎麼可能有聖誕老人，那只是可口可樂的策略」，就不可能冒出新芽。必須懷抱希望，才會冒出新芽，進而伸枝展葉。

無論是飛機或是蘋果手機的誕生問世，都是因為有人想像如果能夠有這種物品該有多好。人類是聰明的動物，只要內心深信不疑，就會研發相關技術。但是如果懷疑不相信，則不會有任何事物誕生。

同樣道理，如果共事的宣傳部門人員或是製作人員都不相信，則絕無可能實現。可是，如果大家相信夢想或是尚未顯現的事物，例如「如果能夠變成這樣就太完美了」「專輯大賣，然後再舉辦這種演唱會就心滿意足」「如果這時能有奇蹟出現，客戶皆大歡喜，那就太圓滿了」。唯有內心深信不疑，願景才能夠實現。

如果懷疑不相信，成品就會虛假不真，所以我經手的企畫，我比任何人都相信

「如果能夠如此就太美好了」。因為深信不疑，身體就會隨著意念，起而行動，更能了解商品的魅力所在。心想事成，人類的念力擁有龐大能量。所有事情的開端都始於相信，無論是投石問路的廣告、或是虛幻夢境般的廣告，我只希望打造更多作品，讓大家相信，並進而起身行動。

我製作過Mr.Children、柚子、ELEPHANT KASHIMASHI、坂本美雨、Salyu等音樂人的專輯封面，每件委託案都樂趣無窮，因為這些音樂人都相信自己的音樂。

這些音樂人相信音樂，所以全力以赴，一心只希望盡快讓所有人聽到自己的創作。從來沒有一位音樂人說「我對這張專輯毫無信心，所以請設法在專輯封面多花些心思」。他們甚至相信即使沒有封面，只要有CD片、放進透明盒中就能賣得出去。因為他們懷抱信念創作音樂，對自己的音樂信心滿滿，所以相信能夠銷售專輯，傳遞音樂到人們心中。因為他們衷心想要散播自己的音樂，所以能夠打動人心。道理簡單易懂，且是無以撼動的事實。

大事なのは「目に見えない根っこ」

重點是「埋於土中的根」

然而在大企業當中，許多人都不相信。特別是大企業，員工並非努力打拚「自己的工作」，只是負責許多環節當中的一部分，必須擔心「主管的評語」或是其他人的立場。所以設計人員也缺乏自信，只能檢查是否有錯誤疏漏，採取安全無誤的想法。

然而，無法全心相信「這個味道絕對好吃」的話，不可能調理出令人吮指回味的味道。剔除不安的要素，只能做出平庸無趣、索然無味的事物。可是如果全體人員打從心底相信這項商品魅力無限，商品就能夠人見人愛，廣受歡迎。因此一開始就必須相信「無論採用哪種方法都一定能夠大賣，絕無問題」。相信，就能有所成就。

打造企業商品廣告時，我都全心全意地相信商品的魅力，而且絕不吝嗇出聲誇讚。如此一來所有人的情緒跟著高漲，大家也漸漸相信「公司的商品真的不錯」。

等到全體人員同心共志，並且鬥志滿滿。如此一來，到了拍攝現場時，大家就更能進入狀況，相信自己一定辦得到。

信じ、熱くつくり、仕上げでは冷静になる
相信，投注熱情製作，完成之後則冷靜以對

在大家深信「土中埋藏著肉眼看不見的深根」時，我的情緒就會轉為冷靜，從各種角度審視廣告。

工作開始之初，我會相信自己的直覺，整地札根，為商品注入信念。等到大家都士氣高昂、整裝以待時，我就會化身為「顧客」，檢視方式是否真的妥當。有時候，我會重新改變編輯方式或設計，有時則大刀闊斧地刪減，所以常常嚇壞所有人。不過，我通常只是修改表面，仍會保持核心根部。

專業創意人的重要準則是「深信不疑，但是在製作階段必須保持冷靜」。

常有美術大學的學生請我評價作品，但是那種自我主張或想法過於強烈的作品，常令我看得很不舒服。想法堅定、深信不疑當然值得讚許，然而過於強烈，則令人覺得「難以接受」；如果只感受到「我是努力的」，肯定無法表達出廣告的訊息。

請各位千萬不要誤會，創意總監並不是隨興表現自我的藝術家。創意總監的工作是參與整體的概念制訂，在有限條件之下，設計所有相關程序，協助客戶謀求最大利益。例如鎖定商品的目標消費群（行銷）、設計銷售方式（宣傳），以及合理的銷售價格等。

因此，創意總監必須感受和整理顧客的希望，然後發揮自己的想像力，善於運用簡報傳達自己的想法。為了具體完美呈現想法，還必須具備溝通能力，和攝影家、影像作家、音樂家等各領域專家交換意見，最後還必須具備統整和拓展各項結果的能力。

換句話說，畫圖只是輸出想法的一種手法。並非品味出眾、或是擅長畫圖就能夠成為設計師，僅靠自己的創意或藝術風格，廣告是無法成形的。我非常了解畫圖能夠強烈喚起人類的感受，所以深信繪畫的力量。可是，其他能力也需具備，尤其必須懂得溝通，才能夠描繪出具體的商品或抽象的企業理念，甚至還能從商品發展出整體觀點，設計出傳達給當代人的作品。

我所了解的創意總監是能夠設計企業的人生，描繪出未來的願景。所以，不僅是設計成品，還要設計製作過程（人才教育、概念修正、媒體選擇和企畫），參與商品和企業的根本部分，最後還要考量接收廣告的人們。種種事項，當然需要理性冷靜（客觀性）。

觀看廣告的「顧客」有千百萬種；可能是居住在東京都會區，也可能居住在鄉下地方，可能有熱情積極的人，也有寂寞孤單的人，有獨居的人，也有和家族同住的人。因為觀眾百百種，所以在最後的階段必須化身為觀看者，而非製作者。

如果廣告能夠發揮作品本身的力量，當然最為理想；然而，創作者的意志和力量不能直接呈現於外，而是伴隨在作品當中。

即使如此，常有人反應「我可以認得出這是森本小姐的作品」，或許是因為我從

「土」、從根本參與的關係吧。

「何を描きたいか」からイメージする

首先想像「想畫什麼」

畫圖時應該如何處理呢？當我描繪自己的作品時，我一定全力發揮自己的能力和想法，因為我認為「有些事物只有在當下才能畫出」。最差勁的情形是描繪「似像非像」的圖畫。圖畫必須是「獨創」。

製作松任谷由實的專輯《POP CLASSICO》封面（卷首插圖XXVIII XXIX）時，發生了小麻煩。封面是由圖畫文字構成，這些圖畫文字都是組合了實際拍攝的照片，以及我的圖畫。不過在最初的簡報提案時，是使用拼貼和我的圖畫。因為是拼貼，所以裁自某雜誌的一部分，以及某寫真集的女人部位。

「拼貼是否屬於獨創」原本就爭議不斷，尚無定論。在拼貼的階段，對於松任谷由實的服裝打扮和姿勢，我早已有清楚的造型想法。所以，拍照用的服裝是根據自己的想法特別訂製。在草圖階段，我根據腦中的想法，組合照片，製作造型。因此在這個草圖階段拼貼出的女人部位，似乎類似某些作品，所以有人質疑「這是模仿吧」。可是，那些都只是「材料」而已，這種指控就像是廚師還未端菜上桌，在搭配食材、加鹽撒胡椒的調理階段，就遭批評「這是模仿吧」。

所以，我認為自己需要具備「畫圖力」。下筆時首先思考決定「畫什麼」，而這個想法來源必須是獨創的，前所未見的。當然，表現想法所使用的材料和顏色則是現成事物。

有些人非常擅長表現出「外國的某種風格」，但是不同於當地人從小從零學起，根基和結構怕是難以比擬。請勿想著哪種外型比較討好，或是製作看似某種風格的物品，而是必須自信這種形式可行，並懂得如何琢磨修正，這種感性就是基礎能力。擁有基礎能力，才能夠產出獨創物品。

本物の衝撃が自分の体験になる
名副其實的真品會成為自己的體驗

基礎能力是什麼呢？或許可以說素描能力，但不是指線條筆觸，或是擁有靈巧的雙手，而是「畫下的線條」能夠深具說服力。

絕對的感覺、距離感、洞察力，漂亮的圖畫不是全靠素描能力，而是能夠捕捉到當下存在的事物、空氣、光影的能力。而且在閉上雙眼之後，或是在其他場所，也能夠回想出來。

這個過程就像將腦中的想法運用黏土呈現。

雖然我還不夠資格批評，但是世上存在著許多只有單調平面、缺乏扎實根基、中看不中用的設計作品。可是，同樣是平面，例如活字，有些設計就能深深感受到作者的厚實根基，同樣的印刷墨水，其中差異卻顯而易見。

任何事物都必須從整地、扎根做起，才能夠成為不怕火煉的「真金」。不是只有美觀漂亮的外表吸引人，即使醜陋不堪、或是目標對象是兒童，是有趣也好、或低俗、恐怖等都無妨，只要是「真品」，我都喜歡，無關是否暢銷。

這種想法年年增強，我知道自己還沒有打造出任何「真品」，所以才更拚命努力，希望能夠創作出真品。這個想法和欲望孕育出現在的自己。

環境能夠培育一個人，也能夠培育出「真品」。所以，首先必須打造「懂得判別真品」的環境。此外，還必須追求真品、接觸真品、看過真品，否則如何能夠識別真品。

真品會為人帶來衝擊，就像是跳入海中，受到海浪的衝擊。藝術也是同樣道理，接觸到真品的瞬間，可能感到沮喪難過，或是衷心歡喜。如果不持續體驗這些感受，自己的作品將徒具表面外型，卻缺乏內涵。

幾度もの敗北を重ね、本物を知る
經歷多次失敗，才知道何為真品

接著繼續談談如何辨識真品。

前幾天，我和松任谷由實前往奄美大島。兩人走進山中時，正好看到昆蟲在交配。昆蟲身上的花色漂亮極了，就像是巧妙細膩的平面設計圖案，兩人都看得出神。其實，花朵植物也是如此，大自然創造出的顏色和外型，美不勝收，每每令我驚呼讚嘆。最近，我很喜愛一本攝影集，名為《NATURAL FASHION》（DU BOOKS出版）。攝影集中是非洲少數民族穿花戴葉、身上畫滿圖案的人像照片。其中有幾張照片是他們混在大自然當中，人身上所描繪的點和線，融合在光線照射的植物之間，完全無法看出哪些是人，哪些才是真的植物。為了生存在大自然當中，他們在身上和臉上畫了相似圖案的行為，就好像昆蟲，我認為這就是誕生於大自然的真正藝術，就是真品。遇見這些如假包換的真品，我總是覺得自己永遠無法超越。在奄美大島欣賞昆蟲時，我和松任谷由實一邊討論真品究竟為何。創作如果「看起來像是人造花」，很容易一眼看穿。所以，為了培養辨識真品的眼力，就必須親眼見識真正的大自然，接觸大自然。

前幾天，我和鹿兒島菖蒲學園的校長聊天。菖蒲學園因為發現身心障礙者的創作深具魅力，所以主辦各種以藝術音樂為主的創作活動，是一間支援身心障礙者的機構。他們所創作的藝術音樂真的令人驚嘆。可是校長表示，他們的創作並非具有確實的想法。例如，詢問一直刺繡的兒童「正在做什麼呢」？得到的回答永遠都是「正在刺繡」。如果追問「這是什麼樣的刺繡呢」？得到的答案仍然只有「沒什麼，我就是在刺繡」。平常人總是抱著某種目的，想著「應該如此刺繡」；然而，菖蒲學園的學員只是想著自己「正在刺繡」，其實這是最幸福的。如此單純無雜念的方式，也是近似大自然。

如此想來，並非身心障礙者有所欠缺，而是一般人過於充足，總是想往身上加上各種事物，結果變成像是「擅長設計的工具」。

真品的確就是不一樣，如假包換，令人驚嘆。每每接觸到「真品」，總令我覺得自己已經江郎才盡，再也無以為繼。當我遇見橫尾忠則、黑田征太郎時，覺得自己根本就是庸才。無論是藝術、音樂、或是人，「真品」總是單純澄淨。在真品之前，總會暴露出自己的不成熟，有時候難以接受，有時候接受現實，卻得暗自嚥下苦澀的失敗感。

可是如果從來不想遇見真品，將永遠無法遇見，則只會滿足現況。所以必須心存追求真品的態度，即使遇見真品，飽嚐失敗感，但是唯有如此才能知道什麼是真品，才能夠打造出真品。這些體驗都會成為基礎能力。

最後の最後まで貫く意志を、プロフェッショナルと呼ぶ
堅定意志，貫徹到底，才有資格稱為專業

再說一個故事。前幾天，我和葛西薰共進午餐，請他協助本書的裝幀。當時，葛西先生所說的話相當耐人尋味。

「論及工作，『現在正在想』是第一階段，『現在正在思考』是第二階段，『現在正在做』則是第三階段。」

當天，葛西先生告訴我不少工作上發生的故事。葛西先生製作的 UNITED ARROW 廣告宣傳，起用義大利畫家兼影像作家占路易吉・托卡方多（Gianluigi Toccafondo），我非常喜愛這個廣告。葛西先生在製作這個廣告的一年之間，婉拒其他工作，嚴肅認真地面對每次的討論，全心專注在這項工作上。那時我的工作正好需要使用動畫，所以我詢問這支廣告所使用的繪畫數量，葛西先生答道「我從未計算過，不過如果將畫紙從地上堆疊起來，應該有一公尺高吧」，然後又繼續興奮地說著托卡方多的軼事。

我終於知道全心投注一件工作實在大不易，也明瞭熱愛工作究竟是怎麼一回事，更知道無法同時兼顧多件工作是什麼情況。我不禁自問，自己是否已經變成像便利商店或是家庭餐廳，提供各種雜七雜八的服務。頓時，我感到自己必須全部從頭來過。

當時剛好為了二〇二〇東京奧運標誌的競稿，我必須提出作品。創意和後續的應用發展，我已經想好底案，我只需具體呈現出腦中創意即可。於是，一如往常，我親手繪圖，然後請設計師以電腦製成平面設計，完成幾項提案。可是，商請周圍人士提供意見時，大家的喜好都各不相同，意見相左。原來是每項提案都有所不足，沒有一項提案是令人一見鍾情，完美無缺。

本物のアートディレクターとはものすごい職人
真正的藝術總監是本領高強的工匠

奧運標誌的競稿不是任何人皆可參加，必須先經過實力經歷的評鑑，才能獲得參加權。參加競稿的設計師個個都是崢嶸一方的人物，能夠和崇拜的前輩同台競爭，我心存感激。和葛西先生聊天之後，我才驚覺自己專注一件事情的態度有所不同。我思考自己究竟欠缺什麼，發現自己原來是缺少「決心」。

葛西薰先生也是藝術總監，所以我們不可能共事。當我說「我喜歡葛西先生的設計」時，只是一種個人喜好，就像是和喜歡的歌手見面，心中只有仰慕之情。可是，奧運標誌的競稿，無關年齡經歷，所有的設計師都站在同一座土俵競賽場，奮力爭取勝利；所以對設計的熱愛，過往所有的設計經歷，都攤在同一平台上，接受公平的評判。我覺得簡直就像是身上只剩下一件泳衣，被拋入茫茫的大海之中。我終於真正感受到參加奧運標誌競賽究竟是怎麼一回事了。

投入全心全靈、一筆一畫親手描繪，這才是如假包換、真正的藝術總監，就像是投注全副心力在一件作品上的「工匠」。我根本還未達到工匠的境界，我必須從這點開始做起，我根本還未達參加競稿的資格。葛西先生全神貫注、全心投入一件工作的意志，和我根本是天差地別。

デザインにもスポーツ精神が必要

設計也需要運動精神

後來，我和朋友聊天，談及運動選手平日努力鍛鍊，就是為了一決勝負。比賽的時候，如何在瞬間發揮最大實力，就是運動選手努力的目標；自己做了多少努力，或是自己想了哪些事情，總之結果說明一切，而結果則來自於超乎常人的努力。所以，友人對我說：「千繪的設計可能缺少運動精神吧。」

仔細想想，我從事衝浪運動，了解到親身體驗的重要性，以及對精神鍛鍊的影響；此外，我也領會到身段柔軟這項道理。不過，我從未體驗過運用身體競技，一決勝負。運動會開始前，總會宣誓「我將秉持著運動精神，勇於參賽」。但是自己似乎從來沒有「勇於參賽」。無論是個性氣氛、森本千繪的品牌打造、周圍人士等，我處於習以為常的世界當中，成長過程備受寵愛。然而，當拋開或者在接納他人、坦承自己的時候，我察覺到自己內心或許缺乏這種勇於參賽的膽量。我可能已經做到葛西先生所言的「想」和「思考」，但是還未做到「痛苦掙扎地做」。以往的每件工作，樂趣無窮，我也投注許多努力、認真看待；不過，這次促使我重新審視「超越常人的認真」。

這番領悟提醒自己創作的瓶頸，因為我的「創作力」還未達專業境界。我想要「創作」，但是不能「先做出」就行。我真心、渴望地想要創作徹底屬於自己DNA的事物，不希望有一絲一毫的偏差，而且純淨完美。

葛西先生的作品和他本人都非常柔和溫暖，但是兼具韌性；這種韌性來自他了解所有事物的創作和選擇，都是自己的力量和意志。無論他人如何評價，或是一般多數的意見為何，只要了解自己的判斷是正確的，便毫不猶豫地提出。所以，葛西先生才能總是待人沉穩親切。

和葛西先生的一番談話，我獲益良多。而且當我回首思考初衷，感受更深，葛西先生真的是一位了不起的人物，我只能望其項背，正因為如此，我更需努力。

但是，我非常害怕。今後的機運，無論是受人吹捧，或是獲得周圍人士不吝出手協助，我害怕必須「一個人」創作或抉擇。「只有我自己一人」令我恐慌萬分。

不過，選擇前進或後退，我只能選擇其一。而且，未來是「無限期」的。所以，我告訴自己「這股意志力不能有期限，必須永遠持續」，決定繼續向前邁進。

每天早上，我五點半起床，六點前往神社參拜，散步、跑步，七點返家之後，打開家中所有窗戶，開始創作。或許這可以說是從「興趣衝浪」升級到「專業衝浪」。專業的定義說法不一，有人認為能夠獲得金錢回報，有人則認為能夠獲得指名的工作委託。可是，專業的分水嶺，在於能否全程以自己的意志完成。

在這股意志力之下，創作如同衝浪一般，令人心情舒暢，是一種理想和現實身體合而為一的快感。這種感覺無以言喻，但是我深切感受到身心共同努力所帶來的變化。

我不再是給予「差不多這種氛圍」的指示，請社內設計師進行平面設計，而是自己一次又一次的描繪，就像工匠一般，以鉛筆在畫紙上畫到最完美的地步。直到最後的最後，才麻煩設計師「這裡沾上髒污，修正此處即可」。所有的企畫書和文章都附加指示說明書。

奧運標誌原本是以電腦製成的平面設計圖，我耗費了十二小時，使用鴨嘴筆一筆一筆親手繪製，自己都不禁佩服這股精神集中力，但是我非常享受全神貫注的時候。製作標誌時，我想到「奧運選手在跑步時，是沒有經紀人或工作人員陪伴的啊」。選手都是獨自游泳，獨自跑步。這項奧運標誌的邀約不是針對goen°，而是以森本千繪的個人名義參加。員工都鼎力協助，我知道他們都是專業人員，將我的繪圖一個一個置入電腦中，令我輕鬆不少。所以，我不斷修改，直到自己認為完美無缺。我投入了百分之百的心力，加上員工的協助，甚至有百分之一百二十的感覺。

「グッ」とくるものの中にあるもの

藏在感動人心事物中的事物

改變心態之後，每個人都覺得我的作品截然不同，能夠立刻打動人心。大家都對我親手製作的作品，深受感動。

過去，我曾見過仲條正義先生設計的標誌，他和葛西先生一樣，也是一位平面設計師。他的作品能夠立刻打動人心。明明都是以印表機列印，難道是他的紙質特別不同。明明都是同樣傑出的企畫，為何他們兩人打造的作品能夠立刻打動人心，真是太不可思議了。可是，我終於了解打動人心的核心所在。

了解之後，點醒了一直低頭向前衝刺的我，成為我的轉捩點。而且，我還能和從小夢想參加奧運的選手抱持著一樣的決心，參加競稿，一決勝負。

從小我就喜歡「認真」和「如假包換的真品」。因為其中的內涵深深吸引著我，成為我的憧憬夢想，想要達到那種境界。直到現在，我才終於有站穩腳步的感覺。但是，接下來才是辛苦，因為在死前，我的決心沒有期限，所以唯有盡力一途。

森本千絵

5 私はこんなふうに世界を見ていた

個人的世界観

テーラーが私のアトリエ

裁縫工房是我的畫室

本章來談談從小到大的環境，如何塑造成現在的我。

本書開頭就提及我是獨生女，父親在東京工作繁忙，所以童年時，我常寄托在外公外婆家。外公和外婆居住在青森縣三澤市。

幼稚園時，我就讀東京塞爾思恩（Salesian）教會的塞爾思恩幼稚園，每天通學。寒暑假時則住在青森。青森的外公外婆家，周圍是一片大自然草原，我總是和鄰居男孩子滿山亂跑，唱歌，釣魚，入河下海，玩得不亦樂乎。

外公教我「重要的事情要以顏色和音樂傳達」，他是台灣人的後裔，在三澤空軍基地經營裁縫工房，為美軍縫製紳士西服。裁縫工房中交雜著英文、中文和日文，還有一綑綑的西服衣料，這就是我童年時期生活的場所（卷首插圖Ⅱ2）。

外公總是給我零碎布頭，做為拼貼的材料。裁縫車旁掉落的布、縫線，我都撿起來放進盒中或瓶中，或是像摺紙般地在布上塗漿糊，拼拼湊湊成圖。現在回想起來，這間裁縫工房算是我的第一間畫室。工房壁架上擺滿了各式各樣的布料，顏色豐富，光是藍色就有各種色調，閃閃發亮的藍色，暗沉厚重的藍色，絕不像十二色蠟筆只有天藍，我不僅記住了布料的質感，也同時記住了顏色。在進行松任谷由實的工作時，周圍的人都說森本千繪的設計特徵就是「顏色」。很多人都說我的色彩捕捉方式很奇特，或許是因為我同時記住質感、觸感和顏色，所以，對於一件物品，我能夠捕捉到各種不同的顏色。

小學三年級時，暑假作業是我和裁縫工房師傅一起製作的繪本。故事是敘述隨著流星掉落海中的星星國姐妹，獲得海豚父子的幫助，終於得以返回星星國。外公是繪本的綜合製作人，我描繪草圖，縫紉師傅幫忙上色，然後母親用吹風機吹乾。這個時候，我已經和許多人一起創作。

在青森的大自然當中玩得滿身泥濘，動手做東西，親身發現許多快樂無比的活動，然而我卻記不清東京的童年生活。

因為，我不知道為什麼要誕生到這個世界上，所以我是個毫無主張、整天發呆的孩子。不過，我唯一記得的事，是自己一直盯著掉落在房內角落的餅乾，然後全部撿起來，排列地整齊漂亮。這樣行徑怪異的我，在幼稚園遭到欺負，就是我唯一的記憶。我沒有朋友，也不喜歡和幼稚園同學一起玩耍，所以我都在廁所吃便當，到低年級生玩耍的地方晃蕩，但是只要看到同年級學生走過來，就會躲到溜滑梯後方（卷首插圖Ⅱ1）。

我的童年時期，就在三澤和東京兩地往往返返，也在兩個不同的自己之間來來去去。在我的心中，一個自己是如果無法親身體驗、記憶，就覺得無趣且無法相信；另一個自己則是腦中深知如果沒有仔細注意社會的狀況，則無法存活。兩種不同的環境體驗，造就了不同的我。

私の細胞に多くのことを触れさせた父と母

促使我的細胞接觸諸多事物的父母

因為經常寄托在三澤，所以雙親從不吝於給予親情溫暖。

只要是我想做的，父親從未說不（卷首插圖Ⅱ5）。例如我想放鞭炮，父親就會買下玩具店中所有的鞭炮。總之他從不吝嗇給我一切，也從不吝嗇給予褒獎讚美。無論他多麼忙碌，只要會成為家族回憶的活動，聖誕節、生日、新年、運動會等，他一定會陪在身邊，留下許多的回憶。雖然他平常不在家，我的手邊留有父親寫給我的信，超過兩千封。從孩童時期開始，每天早上，他將傳真紙或稿紙對半撕開，變成A5尺寸，在紙上寫下想要告訴我的話。我們是父女，父親卻寫著「某某花開了，最近好嗎?」。二〇一四年，我結婚出嫁，離開父母的身邊，但是現在有時候回娘家時，仍會收到信，寫著「結婚生活不容易吧，但是兩人要快樂過生活喔」。母親總是將這些信對折之後，放入夾鏈密封袋交給我。現在這些信都放入goen°夾中

森本千絵

保存，紙張都還留著展信後的對折痕跡。

父親總是開心地接下我自製的賀卡，小心翼翼地攜帶外出。時至今日，他的公事包中，還放著許多從幼稚園時期送給父親的生日賀卡、父親節賀卡等，他每天都帶去上班，所以公事包越來越厚重。

小時候，父親是經紀人，培育出澤田研二、吉川晃司等巨星。望著父親忙碌的身影，我一點也不想從事這類工作。可是，父親曾經帶著我出入藝人的拍戲現場或自家住宅。在藝人的家中，我很自然地像在學校或自家一樣，開始繪製錄音帶封面、CD專輯封面，或是描繪服裝。我想音樂或演藝是在不知不覺之間滲入體內的細胞。

後來，我從事設計工作，同樣也像是商品的經紀人，必須讓更多人知道商品，打造品牌。在石原里美拍攝「組曲」廣告時，我的感受特別深刻。我必須考量石原里美「看起來如何」「將來應該如何」，再精準設計髮型、外型氛圍等細節。其實根本就像是管理監製打造一位藝人。或許透過設計，我其實是在追隨父親的腳步。

goen°是和父親一起創立的公司，所以未來的巨大夢想就是培育出像昭和時代的澤田研二般、所向披靡的天王巨星。

母親也提供我許多範本，不過並非現實事物，而是藏有夢想、或是美輪美奐的事物。母親是個個性溫柔、但是意志堅定的空想家。她總是在做夢，認為所有事物都會是快樂結局。所以，她總是活在電影或電視劇當中。無論是工作還是人生的建議，她總是說「咦？這個好像是某部電影中的對話耶」。不同的人拍攝而成的夢想世界，在母親心中形成現實世界，然後累積各種經驗。母親彷彿是活在夢幻的現實世界中。

童年時期，母親總在枕邊為我講述自編的故事，所以我的床邊故事並非來自繪本。有時候，我還沒聽完就睡著了，第二天就會纏著母親繼續說故事的後續，結果故事情節常和前晚不同，因為母親又編造了新的故事。

如果說母親是一棵大樹，這些故事就是枝葉。後來，這個經驗發展成為我參與的「三越伊勢丹 goen° Plant Planet」企畫。

這項企畫是在二〇一五年四月底，為了母親節而舉辦的活動，活動概念是「母親贈送孩子的禮物」「孩子贈送母親的禮物」。在一棵「母親的大樹」上，貼了許多「故事葉片」，然後傳給「孩子的小樹」（卷首插圖XXX XXXI）。從「母親的大樹」傳遞到「孩子的小樹」上的故事，各有不同，各有不同人物登場。這些人物經過設計，製成商品，在母親節當天，伊勢丹百貨公司新宿店的所有樓層全面銷售。當天同時舉辦兒童的工作坊，此外，這個故事將成為我的第一本繪本。當時我的體內正孕育著一個小生命。在即將為人母、懷胎的情況中，我能夠參與這項企畫，我覺得是命中注定的緣分。

家族からの愛情がどれだけの力になるか

家人之愛的力量

誠如前文所述，母親是個相當夢幻的人。提及夢幻和真實，父母親的個性恰巧是正反兩極，父親只相信親眼所見之事，他透過勤勉踏實的努力，取得現在的成就；然而母親相信看不見的事物，相信世界上存在看不見的事物。她的性格堅強，認為人類不管如何竭盡全力，也無法改變大自然。父母在意見相左時，當然會有口角。小時候，當雙親爭論不休時，我看著他們，心裡總想著「究竟誰說的才是真理」？

童年時期，家人就是我的全部世界，我遊走在父親、母親、自己的意見之間，不斷面臨抉擇。現在，這種三角平衡關係成為我創作的基準。因為只考慮一點，很容易偏頗不均，例如在思考企畫的「核心」時，我首先會歸納整理出三點，然後連結三點，統整出最佳內容。如此一來，方方面面都能均衡考量，事情就能順利進行。或許這也是從三人家庭中學習到的平衡方式。

因為這些生活經驗，我認為誕生在世上的所有事物，如果能夠獲得寵愛，順利成長，就是最幸福的。

因為家人給予我的愛和親情，成為我所向無敵的最大力量。

goen°を救ったザ・ブチョウ

拯救 goen° 的這位部長

提及家人，還有非常重要的一位家人——有著一雙靈活大眼的吉娃娃薩部。薩部是薩部長的略稱。薩部是 goen° 的部長。

經營公司絕非易事，goen° 曾經瀕臨重大危機，我甚至煩惱是否應該放棄公司，僅以個人作家名義繼續作畫。當時，薩部剛來到公司，是在 goen° 任職的經理帶著薩部來公司上班。薩部是隻活力充沛的動物，人和生物一起活動時，能夠振奮精神，於是我覺得似乎沒有必要結束 goen°。後來，一人獨居的經理無法再飼養薩部，前來詢問我的意願，我便答應接手認養。以前，家人反對我養狗，所以三十五歲還單身未婚的我，只好偷偷養在房裡。然而不出所料，母親立刻聞到狗的味道，不過最後仍然准許我飼養。

薩部正式成為家族成員的第二天，我就在沒有任何時間行程計畫下，決定出外旅行一週。我帶著薩部，漫無目的地上路。我租車，乘船到外島，在遊蕩日本各地一段時間之後，突然「想要工作」，所以回到久違的goen°，重新開張。原本停滯不前的心，重新啟動，想要再度發展goen°。

我和狗兒一起逃離goen°。這個公司現實。薩部和我——部長和社長（也就是我）結下特別的關係。如果沒有薩部，goen°大概已經關門歇業。

メッセージに絵を添えるともっと伝わった
訊息加上圖畫，更能傳遞心意

重回正題，從小我就喜歡畫畫。幼稚園時，為了自我介紹「森本千繪出生時的重量是多少公克，以及如何長大」，我製作成一本書。為了表現自己出生時重達三千九百公克，我運用拼貼作畫成書。當時，我感受到運用繪畫傳達事實，或將事實轉換為繪畫是一件非常有趣的事情。

我通學的幼稚園信仰基督教，園中的教育根據基督教的教義，聖經是最基本的課程，每天早上都唱聖歌，用餐前後也唱聖歌。此外，無關喜歡作畫與否，幼稚園教同學製作賀卡，例如「感謝母親」、「恭賀新年」、「聖誕節快樂」等；還有製作「聖誕降臨曆」，當然也會在曆上作畫。

所以從小我就喜歡畫圖製作賀卡，常常送給雙親。升上小學之後，則發展成製作賀卡或相框，送給朋友，而非一般的賀年明信片。我甚至在考試卷作答處的旁邊畫上插圖；在讀後感想筆記本上，也畫上圖畫，圖畫所占空間超過感想文章的兩倍大。其實我完全不需要為感想畫插圖，但是我總是習慣畫圖說明自己想表達的事情。

小學時，除了我之外，也有擅長畫漫畫或素描的同學，不過我只是喜歡「將訊息化為圖畫」、「為訊息添畫」。我作畫是為了表達謝意，是為了更具體表達感想，而不是只寫文字。所以，我運用自己發明的方式，將筆記本做得更易翻閱，更方便念書，或是運用顏色促進了解。結果，同學開始模仿我，老師也複印我的筆記本，做為課堂講義。於是，班上終於察覺到「森本千繪」的存在了。

在這之前，我的狀況只是延續幼稚園時代，彷彿是一個透明人。自己也不曉得自己存在的意義，但是透過畫圖，我逐漸找到自己的空間。

於是，表達、表現成為自己的興趣。在基督教的主日學校中，我以圖畫呈現聖經經文，負責畫圖、演出洋片，以便讓年紀更小的兒童了解。小朋友其實非常開心，對於平常聽不懂的聖經經文，有了圖畫洋片之後，都產生興趣。我總是興致勃勃地想著如何將自己想表達的話語，化為圖畫，促使別人了解。

小時候，祖父和雙親給予我的所有事物，也深深影響我的繪畫表現方式。家人總是都誇獎我的圖畫作品。所以，從小我就覺得畫圖比說話更能感動人心。

みなそれぞれなのに、答えが同じなのはおかしい

一種米養百種人，眾口同聲才有異

我的中學生活似乎不屬於任何團體，但也屬於所有團體。升上國中之後，會形成各種小團體，不過，我遊走各方，和辣妹族、御宅族、體育族、用功學生族等族群都有往來。

如果自己加入其中一個團體，就必須排除那些非我族類之人，我不想樹敵，所以不想進入任何一個團體。而且，國三時，我已經決心就讀美術大學，所以和班上所有派系保持良好關係。或許我一心打算進入美術大學，所以能夠在不屬於任何派系之下，仍能安全度日。

學校成績則在小學自創容易記憶的筆記方法、加上家庭教師從旁協助之下，大有進步。我的強項是數理科目，國二時，為了投考數理科系的大學，我前往補習班補習。補習班中聚集各校人馬，可愛、俊俏、怪異等各式各樣的他校學生，但是大家

都非常聰明，我變得討厭和大家算出相同答案。和大家算出答案，究竟有什麼好處，我左思右想，難道自己沒有比別人更擅長的事情嗎？我知道自己能夠利用繪畫表達想法。那時，我仍然習慣在考試卷上畫圖、畫橫線。後來我請教老師，老師勸我「有些補習班設有美術科系，妳可以試試」。於是，在升國三時，我參加代代木研習造型學校的春季講習班。

最初我完全不解自己來到什麼地方，校舍的天花板似乎比天還高，還放著石膏像和巨大的勝利女神像。我驚訝竟然有不教學生念書的補習班，興趣大增，於是開始補習。前來補習的人都只是國高中生，卻已經懷抱著理想和自己的人生觀，我越來越喜歡這間補習班。

在自己就讀的高校中，有些朋友會表示不擅畫圖。其實，任何人都會畫圖，圖畫和音樂一樣，就是傳達自己的感受。想要翩翩起舞時，擺動肢體即可；想要引吭高歌時，放開嗓子大聲唱出即可。這個時候，我就覺得可以更自由展現自己。

混沌とした世界が見せてくれたもの

混沌世界所帶給我的印象

補習班非常開心。國三就進入美術補習班的人不多，所以其他同學或老師都相當疼愛我。各個學科所在的樓層不同，因為我還未面臨到考試的壓力，覺得每個學科都相當有趣，所以試著參加各個學科。因此我和各科老師，以及油畫、日本畫、建築等班級的學生都相處愉快。升上高中之後，我們一起企畫各種集會或活動，玩得不亦樂乎。

當時，許多電影院開始播放獨立製片電影，例如寺山修司的實驗電影、地下電影、情色電影、藝術片等。或許因為是美術相關的補習班，所以很多人玩音樂，我常去音樂展演空間。有人是 BOREDOMS 的超級歌迷，有人則視丸尾末廣如命，周圍的友人各有所好，我接觸到各種領域的雜誌、音樂、漫畫、電影，但也研讀以米洛維納斯為美之象徵的西洋美術。在這個混沌無序的世界中，我如魚得水，快樂開心。

很多朋友都特立獨行。一位交情深厚的男性友人規定我必須稱他吉米，他每天穿裙子，頭戴浴帽。他著迷於基因的螺旋構造，無論哪種作業，他的原則就是設法置換成基因。總之每個人都各有個性，好玩得不得了。

但是在普通高中的生活就令我難受。高中是國中直升的天主教女校。中午吃便當前後，一定必須禱告。在走廊碰面時，一定必須打招呼問候。班級導師是天主教會的修女。

可是，我就是喜歡和各種人士往來，不知不覺之間，補習班的朋友、目黑星美學園的高中同學都玩在一塊兒了。代代木補習班位於南新宿，中午過後不久，我們便進駐代代木車站旁的溫蒂漢堡店，幾乎是包場狀態，我們玩撲克牌，或是坐在補習班樓梯上畫圖。

每天如此瞎鬧鬼混，學校成績當然一落千丈。報考美術大學的學科成績，我全部不及格，而非術科，國三就開始補習，累積了四年的歲月，每個人都認為我一定榜上有名，但是結果卻令人難以置信。而且，我自認必定考滿分，所以更是不敢相信。這個結果顯示我荒廢學業的程度，已經到了無法判斷自己所寫的答案正確與否。無奈之下，我決定重考，卻又在陰錯陽差之下，以候補最後一名進入武藏野美術短期大學。

関心を持つと変わることがある
有興趣，就會有改變

然而，在這所補習班中，我接觸到形形色色的事物，這些都是寶貴且無可取代的經驗；在這段時期，我學到面對任何狀況，都能處之泰然、從容不迫、處變不驚。在補習班認識的老師和同學，現在則在各項工作中再續前緣，協力合作，例如委託老師負責史努比案的設計，以及倍樂生公司的代言吉祥物；在第一份博報堂的Mr.Children 案，前往沖繩繪製防波堤時，交情不錯的補習班朋友也前來幫忙。

只要曾經結緣，我都能夠維持長久的緣分。

我們並非經常吃喝玩樂的朋友，而是在重要時刻想起對方。現在有社群媒體臉書，即使平時不常見面，也在網上有所聯繫，熟悉對方目前的狀況，為對方按讚鼓勵。不過，我覺得自己從以前就已經進行「真實臉書」，總是注意對方的現況，也不吝嗇「說讚」。

我最不欣賞「漠視」。我認為漠視是一項大罪。二〇一三年夏天，我為ＮＨＫ設計「思考霸凌活動」海報，概念之一就是「漠視」。如果心中有「霸凌他人的自己」、「遭到霸凌的自己」、「目擊霸凌的自己」等三種，我認為「目擊霸凌的自己」是最惡劣的。「我」不應該漠視，應該採取行動，協助他人，才能有所改變；雙手一攤，毫無任何作為實在令人唾棄。或許這個想法起源於自己小時候曾經遭到霸凌。最先對我付出關懷、協助自己不再像是透明人的是小學老師，他注意到我畫滿圖畫的筆記本，表達興趣；託這位老師的福，我才得以改變。

表現風格各有不同的同學友人之間，相互關心，所以補習班才過得如此快樂。我們不僅相互了解所畫的圖，還有個性習慣、喜愛的音樂，這些種種都是屬於對方的一種人生表現，我打從心底覺得這樣是一個健全的世界，並讓我無所畏懼，願意敞開心胸。我一直關心他人，因為我知道唯有行動、體諒、關心，能夠改變未來，邁向佳境。

6 命の前にさらしても恥ずかしくないものを

面對人類、毫不愧疚的事物

生きていることを実感するために

為了真實感受自己活著

二〇一一年三月發生東日本大地震，我想談談當時的狀況。

三月十一日，歌手坂本美雨的音樂影片，從前一天拍攝到當天早上十點。一大早，桌上的瓶子突然爆裂，大家開玩笑地說「大概是有事發生的前兆」。拍攝工作在中午之前結束，我返家睡覺。然後就發生了地震。

因為已經到家，所以我沒有成為電車停駛下的返家難民，不過回想起當時，自己其實相當冷靜。開始衝浪之後，我遇見多位熟悉大自然和大海動靜的人，許多衝浪手都告訴我「將要發生地震」，所以內心可能已經有所準備。因此三天前發生輕微地震時，我立刻購買防災用安全帽，發給所有員工。

福島第一核能發電廠所在的海岸，有許多適合衝浪的地點，吸引許多衝浪手。幾乎每天從大海望著核能發電廠的衝浪手，在地震之後，立刻表示「核電廠的狀況不妙」，我聽了之後，非常擔心核電廠，沒想到一語成讖，可能我驚嚇過度才顯得冷靜吧。

那時我直覺「應該做點什麼」。當生物感受到性命受到威脅時，昆蟲、動物會設法交配，提高繁殖率，我則是設法創作。所以那時我在推特留言「我能做些什麼」？

周圍的人可能都陷入一片驚慌混亂，所以看到我的留言之後，大量湧入各種回應，「請製作 Pray for Japan 的標誌」、「請關掉熱鬧街區的霓虹燈和招牌」等。我的推特有不少跟進者，所以當我留言「請關掉霓虹燈」，彷彿施展魔法般，不久之後就接到回報「啊，澀谷的霓虹燈都熄了」。透過推特，大家的願望紛紛實現，真是太不可思議了（卷首插圖XVIII XIX）。

於是，我在推特上編列「idea for life」的主題標籤，成為一個據點，提供大家寫下所需物品。後來，除了所需物品之外，還有人留言「我願意前往協助料理伙食」、「我可以做什麼」等，簡直變得像是一個製作本部。

我冷靜整理這些資訊，同時採取各種行動。雖然說是「冷靜」，但是在這場前所未有的慘況中，其實毫無頭緒，所以我想要確認並感受到「自己還活著」。既然還活著，就能夠創作，就能夠為還活著的人串起溝通橋樑，將無形想法化為具體形式，所以我根本無暇害怕，無暇躊躇不前。每個人都有各自的使命，有人前往災區協助料理伙食，有人廣徵各種支援物資，我則有自己的使命。

我的支援方式不是實際行動，所以並沒有帶著必需物品前往混亂的災區。對於災區以外的人，自己究竟能夠提供哪些協助，我想到應該要創造鼓舞人心的行動。從及部老師的工作坊課堂上所學到的知識，我想要設法驅動人類所擁有的能量。在所有人都茫然不知所措的時候，我想要打造一個讓大家不再茫然的環境。

goen°が変わった日
goen°改變之日

三一一大地震的新聞立刻傳遍全世界，在「Pray for Japan」的號召之下，全球各地的人都在推特上為日本祈福。其中，法國的一位日本料理餐廳老闆提出「我想在店內為日本募款，請問是否有人能夠協助設計募款箱呢」？創意人朋友告訴我這項消息，我想只要將設計做成ＰＤＦ檔案上傳，提供全球下載印製，就能夠放置於各種場所。

我立刻動手進行設計，三月十一日的晚上發表「Pray for Japan」設計。

三月十一日晚上就完成設計，可謂異常神速，結果有人認為過於「冷酷無情」或「有欠考慮」。不過，當時我正好開始進行「報紙日記」，隨處都能夠畫圖，無論處於任何狀況，我都能夠作業；所以並非必須坐在桌前、開啟電腦，才能有所作為。

當時的作為並未留下實際形式，可是，我感受到前所未有的溝通力量。十二日早

森本千絵

上在住家附近的家庭餐廳中，不僅是廣告業界，各類媒體、創意等各方人士，前來聚集開會。

會後，成立「idea for life」網站，匯集各種想法。除了「Pray for Japan」之外，有鑑於首都如果大規模停電將喪失功能，將無法援助災區，所以分發「目前節約用電中」貼紙給家家戶戶、店面、公司；設計支援物資分類貼紙，以便貼在紙箱上，而且能夠直接從網站下載使用。

在那個當下，真的是所有人都動了起來。在那天之後，goen°的存在有了一百八十度的轉變，不再只是一間廣告公司。

バトンを渡すように

交棒

然而廣告業界出現批判的聲音，某位人士來信表示「眼前有這麼多人犧牲，藝術監製、設計根本派不上用場」。我耐心和這位人士溝通，直到對方心悅誠服。媒體報導這項行動，寫著「『目前節約用電中』是森本千繪小姐製作的海報」，我也立刻強烈抗議「這不是『海報』，而是『標示』」。

在大規模停電中，有些店面不開燈營業。海報的目的是銷售商品，我製作的標示和店面入口的招牌一樣，其實就只像是告知「營業中」的牌子，或是表示「我活著」的「標示」。

後來發生了一件耐人尋味的事情。麻布十番商店街會長大量印製「Pray for Japan」和「目前節約用電中」的標示，然後和妻子帶上安全帽，將這些標示分發給每一間店面。然後，電視新聞報導商店街上每間店各自塗上喜愛的顏色，或是畫上喜愛的圖案，並說明是「位於麻布十番商店街上的設計事務所大展身手」，我驚訝想著「事務所明明是位在表參道啊」。非首都圈的高知縣、福岡縣也列印張貼，我才知道越來越多人響應。

人的力量真是難以想像，只是一張十日圓的黑白影印，竟然能夠擴及那麼廣的範圍，真是太驚人了。

「目前節約用電中」是設計成剪紙風格的家屋外型，我曾經製作過聖誕樹或花圈，或許曾經為了聖誕節而運用過剪紙，深具溫暖人心的效果，這種溫暖感受正好符合目前狀況。結果，即使大家不知道「究竟是誰做的」，也都自動口耳相傳。原本只是為了首都圈而製作的標示，也開始貼在其他地方；而且不是以網路轉寄擴散，都是以實物分發。我相信這是因為大家認為不能自掃門前雪，必須挺身而出，將腦中的信念付諸行動。

当たり前のようにそこにあるデザイン
理所當然存在的設計

長久以來，我最想做的就是這類事情。當時，我無暇沉浸在這種感慨當中。這樣說或許不恰當，但是我很開心世上還是需要廣告，而且這才是廣告應有的形式。

以往，我覺得廣告是電通或博報堂買下媒體時間，然後投入廣告，透過媒體這個擴音器大肆播放。在我獨立開業之前，製作Mr.Children的〈色彩〉音樂錄影帶時，歌詞寫著自己無足輕重的作品，傳到全世界各地，取悅了從未謀面的人。廣告就是如此，人和人之間的傳遞就像是水桶接力，不斷往下傳。與其拿著傳聲筒試圖放送到遠方，不如誠心感動身旁的人，只要心意真正傳達給一人，就會再傳給下一個人，就像漣漪般逐漸向外傳開。秉持著這個想法，我獨立開業，成立goen°，遇見許多美好的人事物。為了遇見更多的人，我登台演講，邀集熟人朋友，每個月舉辦一次餐宴酒會，為自己創造更多美好的機會；但是為了大眾需要，這種一棒接著一棒的傳遞方式則是生平頭一遭。

當時所作的物品並非作品，無法列入我的代表作，平常我也不會拿來說嘴。可是，我深深感受到那種「開始」的瞬間。很多人並不知道迴紋針或剪刀的發明者，因為已經是理所當然的生活用品，我希望打造這種已經無法得知發明者是誰的物品。我認為創作人不應該在作品上留下任何痕跡；所以那些「標示」，在我的心中，我從不認為是自己製作的。

いま、生きている命のためにメディアは何をすべきか

為了存活下來的生命，什麼是媒體的要務

地震發生後一星期，原本預定至北九州到津森公園進行簡報。因為經歷地震災害和核電廠災害的慘烈情況，我更深刻體認到人類是大自然的一部分，所以滿腔激動的想法，我都一股腦地寫進動物園企畫書中。

可是，實際抵達福岡時，才發現和東京之間竟然有著巨大的落差。東京人憂心輻射線危害，很多人都戴著口罩，然而福岡則不見任何人戴口罩，市內街區仍然熱絡喧鬧。我當場愣住，覺得「地震才發生一星期而已，這樣不太妥當吧」。過了一會兒，我反而開始欣賞福岡和大阪的充沛活力。東京的街道黑暗無光，人人都還陷在混亂之中，便利商店和超市的水和食物早已被搶購殆盡，各種狀況不斷。人人透過網路蒐集資訊，只靠著大腦判斷思考，結果動彈不得。相較於關東地區的東京，關西地區的街道能夠繼續製造能量，這樣才得以平衡。

抵達動物園，我第一眼見到大象莎莉和蘭正在大便。日本國內正處於地震的災害和核災當中，一不小心就很容易說錯話，動輒得咎，莎莉和蘭卻毫無顧忌地排便，而且糞便大得驚人。我不禁想著「對啊，本來就是如此」；人開懷而笑，動物進食，就會排泄；這幅景象讓我自然而然地恢復了平常心。地震發生之後，雖然自己的行動冷靜，但是當我得知災害的慘烈程度，正感到心情低落時，能夠離開東京，依照計畫前來福岡的動物園進行簡報，實在有助於我恢復精神。

其實地震發生的第二天，三月十二日預定拍攝三得利「BOSS Silky Black」的廣告，但是因為地震緣故而取消。當我前往九州時，這項委託案的創意總監佐佐木宏先生來電聯絡。

電話中，他表示「雖然停止拍攝，是否可以一起有些作為」？地震發生之後，日本電視中，企業的廣告全數消失，只播放ＡＣ日本的公益廣告。在這種情況下，三得利希望有力出力，而且所有和三得利簽約的藝人都願意參加。我回答「Silky Black的廣告，我們以後再議」，並立刻想出另一項企畫案——總計七十一名演出者輪流接唱〈昂首向前走〉和〈昂首望夜空的星星〉，也就是「歌唱接力」（卷首插圖XXXI）。為了能夠盡快播放，我熬夜繪製腳本，從動物園返回東京之後，立刻著手拍攝，然後送進剪輯室，我一人負責全部剪輯，在四月六日開始播放。

現在再看大家的接力歌唱，雖然有些靦腆之感，但是能在災害初期完成，深具意義。

因為在地震發生之後，大家都紛紛採取自律行動，例如大型公演耗電，所以許多演唱會都取消舉行，如同國喪禁止演樂。然而我覺得雖然遭逢如此巨變，這樣的行為反而不自然。

自然と共存しながら、人間は心地よく生きることができる

和大自然共存，人類依舊能夠舒適生活

約在二〇〇五年，以音樂製作人小林武史先生、Mr.Children 主唱櫻井和壽為核心成立「ap bank」，透過這項工作，我學習了電氣、能源等知識，所以後來一直設法傳達核電的危險性，以及自然能源的重要性。人類必須向大自然借助各種事物，才能夠活在世界上。人類和大自然共生共存，再設法讓自己的生活更舒適。想吃美食，就必須培育健康的土壤，想要培養感受性，就要欣賞美好的音樂。所以我覺得在地震災情嚴重的情況之下，更需要美妙的音樂和電影。

可是，日本國內卻認為必須嚴肅以待，所以只播放AC日本影片，停播所有的電視廣告；這類電視節目不能播放，那部電影中的片段不適合上映等，大家突然都神經兮兮、小心翼翼。但是這些不能播放的節目，平常就在播放，大家都在觀看，我實在難以認同這種做法。甚至因為耗電的理由，所以不能播放美好的音樂，簡直矯枉過正；我懷疑這種方式對存活下來的生命是否真的有所助益。

我和周邊人士製作的作品，自信無論任何時候都能夠觀賞和聆聽。我的內心一直保持這種信念，所以才能夠冷靜地製作三得利的「歌唱接力」。

どんな時代にも響く「いいもの」を
能夠影響任何時代的「美好事物」

前往福岡時，我偶然參觀了福岡亞洲美術館山下清展，也內化成為我的力量。山下清是一位旅行畫家，厭惡戰爭，不想當兵，所以接到徵兵令時離家出走，流浪日本全國，但是他屢次被抓回。親眼看到山下清的繪畫或拼貼畫時，發現他的作畫能力和畫圖結構真是令人驚艷，獨一無二，無人能仿。

展覽會場除了圖畫作品之外，也展示報導和他的談話，其中一篇是他和岡本太郎對談的報導。兩人的談話非常精采。當時身處戰爭時代，每天都心驚膽戰自己明天能否活命，然而兩人不是暗自感嘆生不逢時，而是面對並傳達「生命的尊嚴」。從兩人的對話當中，深刻感受到在這股想法和意志之下，「自己必須不斷創作」。在地震發生之後，社會上自律氣氛充斥，畫家傑出不朽的作品和話語，不僅感動我心，更帶給我勇氣。

回想起來，自己一路參與「HAPPY NEWS」，以舞蹈形式串聯ＮＨＫ晨間連續劇《幸福鐵板燒》片頭曲，這些在地震發生之前的工作，並不是打著「串聯人和人之間的關係」旗號而作，而是我從孩提時代就一直持續進行的。無論時代、狀況如何演變，即使高樓大廈四處林立，我在內心暗自發誓仍要繼續製作連結人和人之間的事情。

地震已經過了好幾年，那時候的感覺差不多已經遺忘了。然而當下「就這麼做吧」、「這樣非常棒」的判斷基準，我覺得非常了不起。廣播節目播放法蘭克・辛納屈的歌曲或搖籃曲，好聽動人，深夜播放電影的內容，電視台都經過深思熟慮。然而，如今，當時不會製作的作品卻四處可見，令我覺得非常遺憾。

喜怒哀楽の感覚は「細胞」に残る
喜怒哀樂的感覺留在「細胞」裡

有種說法，在電視播放追捕犯人的節目中，當犯人的臉孔投映在螢幕上時，據說觀眾會覺得自己也有能力犯罪。一次又一次地看著犯人狂暴的臉孔時，這種印象會留在體內細胞某處。報導犯罪，其實會促進犯罪。報導當然重要，但是逮捕犯人之後，只需傳遞事實，無須一而再、再而三地詳細報導。

地震的海嘯影像也是一再播放。當時還有許多人生死不明，地震後的那幾天，為了掌握消息，大家都守在家中觀看電視。可是，當每個電視頻道都不斷重播海嘯的影像，兒童感到不安和憂心。在我的推特中，許多留言都希望「能否不要所有的電視台都在報導地震，能否有些電視台播放兒童觀賞的卡通」、「不要只播AC的廣告，請播放能夠令人放心、度過現況的影像」。這就是我希望盡快啟動三得利「歌唱接力」的原因。

令人感到恐懼的視覺景象或聲音，即使後來消失了，這種恐懼意識卻會留在細胞深處。眼睛所見，雙手所觸，都會確實記憶在體內。如此想來，好壞不論，媒體具有逼迫人精神的力量。所以，如果會在細胞留下不好的回憶，無論多麼威風，或是多麼深具藝術性，我絕不參與，我只繼續製作真正美好的事物。

「おばあちゃん」というファンタジー
「老婆婆」傳奇

思考「真正美好的事物」時，我想到「老婆婆」這個關鍵字。和我交情匪淺的宇宙物理學者佐治晴夫先生，曾經告訴我「老婆婆是種奇妙的存在，老婆婆會拯救地球」。

據說在生物學上，雌性動物過了生產時期之後，會變成雄性。然而，人類的女性即使生理期結束，身體狀態和男性毫無不同，仍然還是「女性」。因為女人直到死亡，都認為自己是女性，終其一生，都以女性的身分，時而溫柔時而勇敢地表達自己。我曾經詢問過動物園長，知道物種和人類最接近的猩猩，並沒有老婆婆的存在，所有的猩猩都會變成老公公。只有人類存在著老婆婆。因為周圍認為她是老婆婆，自己也認為自己是老婆婆。

周圍打造自己，自己打造自己，這是人類獨有的能力。所以當佐治先生告訴我時，我覺得「老婆婆」真是一種有趣美好的存在。

經過那次的大地震，人類經歷了大自然力量的恐怖。我自己曾經差點溺死在海浪當中，所以不難想像海嘯的恐怖。大自然無可抵抗的力量，以及無數性命的消逝。眼前盡是悲傷難過的事情，這種時候思考「應該如何定位創造」，我想應該就像是老婆婆的存在，或像是撫慰哭泣孩童的安眠曲，或像是女性孕育生命的子宮。

既然老婆婆是一種奇妙的存在，基於老婆婆存在的這種立場從事創作，表示人類認同了一項奇妙事物，當我想到、畫出，就能成真。只要運用這種立場思考創意即可。

佐治先生曾邀我聆聽宇宙的聲音，呼～呼～的節奏速度，和母體中胎兒的心跳節拍相互呼應，據說嬰兒誕生的周期，可用地球誕生的計算式周期加以解釋。孕育一個生命，就像母親生出地球。孕育生命不是一件隨便平常的事情。人類總是不斷追求更新奇進步的事物，正因為如此，我們才應該注意到更多像「老婆婆」這樣理所當然卻不簡單的人事物。

もっと「不思議」を
打造「更不可思議」

佐治先生還告訴我宇宙是一種大緣分。他透過計算式，為我深信不疑的奇幻、宇宙真理，提供科學的解答。所以遇見佐治先生以後，自己內心苦悶煩惱的事物，終於能夠得以一一整理。

前幾天，我邀請宮澤理惠和佐治先生上節目對談，當天是雨天，在對談結束之後，三人一起搭乘電梯下樓，佐治先生又告訴我「今天所下的雨是七十年前流下的眼淚」。

他說天降的甘霖，會滲入土壤當中，等到再次蒸發，成為雨滴，要花費七十年。所以佐治先生說「今天流下的眼淚，會混合到七十年後的雨水當中」。大自然的循環已有科學的論述證明，然而加入「眼淚」的故事，這項理所當然的理論聽起來就洋溢著浪漫的氛圍。同樣一件事情，如果能夠加入浪漫元素，就能夠化為美好。當嬰兒呱呱落地、哇哇大哭所流下的眼淚，在他七十歲時會成為雨滴，再度降臨大地。雖然我的祖母過世時未及七十歲，但是接下來的數十年後，那些已經不在世間的人的眼淚，將成為今天的雨滴落下，這是多麼神奇的事情，激發更多的想像力。不同的說法或表現方式，能夠讓普通事物顯得尊貴，這個道理和商品銷售的廣告想法一樣。佐治先生總是教會我了解許多道理。

佐治先生已經八十歲，仍然對世上許多事物感到好奇。在他和宮澤理惠的對談當中，宮澤小姐多次詢問佐治先生「為什麼呢」？結果佐治先生說「妳對很多事情感到好奇，這種態度非常好」。

「因為覺得好奇、不可思議，才有故事誕生。如果人類再也不覺得好奇，就沒有故事誕生了。」

原來如此，我完全贊同。兒童總是對各種事情感到不可思議，所以處處都有故事誕生。我不能自以為萬事皆通，要更有好奇心，這樣生活才有趣。

自分で作品を抱えないから軽やかでいられる

不獨自掌控作品，所以能夠輕鬆以對

和人相遇相識，總是學到許多事物。我想要談談畫家黑田征太郎。

二〇一一年夏天，因為《SWITCH》雜誌（SWITCH PUBLIC 出版）的企畫案，我前往紐西蘭，因而結識黑田先生。黑田先生前往紐西蘭的南島，我則前往北島，各自旅行，畫下旅途中的大自然景色、相遇的人、想法等。回到日本之後，相互觀賞對方的作品，舉行對談，這時我才初次見到黑田先生。

不僅是在紐西蘭，黑田先生走到哪兒畫到哪兒。遇見黑田先生，我甚至懷疑自己其實不能算是喜歡畫圖。向來自以為愛作畫，但是得知黑田先生的作畫態度時，我才被點醒，得知或許自己並沒有非常喜愛畫圖，我大受刺激。

觀察黑田先生，才知道自己作畫是懷有目的，才確實知道自己不是單純喜歡作畫的人。能夠及早知道這種差異，我真是幸運，否則一直被蒙在鼓裡，將來可能遭遇打擊挫折。透過黑田先生，我及早了解到自己的定位。

此外，黑田先生還教導我不要自己統攬萬事。黑田先生四處作畫，也隨手四處贈畫。他越畫越多，然後從不詢問他人的意願，就郵寄送給親友。goen°就曾經一天內收到好幾幅畫作。收件人不同，他的繪畫主題也會有所不同，例如小倉的壽司店就會收到以「魚」為靈感的畫作；《coyote》雜誌（SWITCH PUBLIC 出版）總編輯則收到「郊狼」的畫作；因為我曾經和黑田先生合作北九州動物園的企畫，再加上我飼養一隻名為「薩部」的狗，所以他老是送我和動物相關的畫作。我相信全國各地有很多人都常常收到黑田先生的畫作。

這些收件人當然不會丟掉畫作。作品美不勝收且令人開心。當事人的家變成黑田先生的畫作倉庫。最初我都收藏在Ａ４大小的箱中，後來裝滿了，現在換成瓦楞紙箱收藏。換句話說，黑田先生有許多外接硬碟、倉庫和美術館，而且已經分門別類。

如果自己收藏作品，心理壓力反而越來越沉重，不易產生嶄新創意。可是，裝個外接硬碟，就可以更輕鬆繼續進行自己希望的事物。

而且這些收畫的人，除了開心之外，也會談論黑田先生，達到宣傳的效果。我總認為黑田先生像個「畫圖的寅大叔」。無論是寅大叔或是裸大將阿清，一位稱職的旅人會主動為旅途上相識的人、或是仍居留原地的人創造故事。不過，我相信黑田先生只是一心想要畫畫，畫畫令他開心，他從未考慮過自己是否要畫得漂亮，或是要累積大量作品一邊出書，或是要銷售作品。黑田先生和菖蒲學園的人，都只是一心想要畫畫或刺繡，從不做他想。所以，黑田先生是真正的旅人，自由奔放，無拘無束，魅力十足。所以當我自己沮喪萬分，覺得拘束不自由時，我就非常想念黑田先生。遇見黑田先生之後，我希望自己能夠活得更輕鬆、更自由。

点がつながり、円になる
點連成線，線連成圓

佐治先生、黑田先生、鼓手中村達也先生，還有Dance Company Condors的近藤良平先生，我們相遇結緣，持續至今。這些人的共同點就是藉由人類的軀體，爆發最大的能量和靈魂精神力量。所以，即使軀體明日不在人世，仍有源源不斷的力量從內部湧出，繼續影響他人。我遇見他們，確實影響我對人生的看法。

這些人就像是大自然的神明。土神、水神、風神，各具不同性質，但都是大自然的一部分。這些人和風定下誓約，和水定下誓約，各有鮮明性格，所以我非常喜歡他們。

他們不會受到大眾的消費。所以我擅自賦予自己一項使命——認識他們而感動的事情，以及對於他們想要傳達的事情，在感同身受的同時，不過度消費，卻又能廣為傳達。我擅自認為連結大自然界和人類世界是我的工作。

我還參與coen。的孩童工作坊，以及動物園的工作；其實，「孩童」和「動物」也是如此。我希望自己能在不同生物出現時，不以外表或言談判斷，而是探索內在靈魂，從這些能夠影響他人的傑出靈魂當中，擷取人類生活所需的精髓，加以翻譯詮釋，傳遞給更多人。我一直認為這些必須透過自己的身體才能達成。

人和人的相遇，真的是一件樂趣無窮的事情。

例如，黑田先生和達也先生的交情深厚，黑田先生常談及達也先生的事情，也常說改天介紹認識。結果，去年，在黑田先生不在場的情況下，我遇見了達也先生。此外，佐治先生還為我介紹節目企畫的倉本美津留。因為每個人身旁都有密切相關的人，都會受到他人的影響；人際關係因此左右相連，相連不斷，最後會像是坐上大圓桌一般，連成一圈，不知道起頭終點在哪裡，不知道面對正面的座位是哪個。感覺就像是在認識黑田先生之前，其實我已經認識達也先生。不過，無論起點終點為何，都無關緊要；點連成線，最後會連成圓形。人和人之間的相遇，最後會形成一個大圓。

出会いが答えを与え続けてくれる

相遇會不斷提供解答

工作上，常常心有所思，就會遇見相關的人事物。這時候，我總覺得這是一種肉眼看不見的巨大力量，告訴自己的想法是正確無誤的。

我和松任谷由實的相遇就是如此。有一天，任職於NHK的大學時期朋友來電聯絡：「松任谷由實主持新節目，她希望森本上節目。」大家或許不相信，當時我正在車中聆聽松任谷由實的歌曲〈守護著你〉。所以接到電話時，我簡直不敢相信這種奇妙偶然。接著，我詳細詢問之後，才知道自己要擔任松任谷由實新節目第一集的嘉賓，一起前往高野山。

為什麼我正巧在車中聆聽松任谷由實的歌曲呢？在那之前，我出席柚子的北川悠仁的結婚典禮。典禮上，松任谷由實坐在主賓席上，並演唱〈守護著你〉。聽說當時松任谷由實的喉嚨不舒服，所以無法順心如意地一展歌喉。即使如此，她仍然雙眼盈淚，熱情高唱〈守護著你〉。長期以唱歌為業的歌手，果然不同凡響；即使歌聲不盡如意，唱歌的神情姿態仍能感動全場，我獲得極大的鼓舞。

後來，在節目拍攝中，松任谷由實前來goen°時，或在前往高野山的旅途上，兩人天南地北地聊著各種事情。身為表演者，她在向前邁進時，隨時都密切注意人類的本質或核心，以及最應尊重的心意。第一次見到她時，她說：「女人無需威嚴。」總是不惜一切、全力奮鬥的她認為女性不能失去柔軟的身段。每天工作時，我經常想起她說的話。

節目結束之後，我們也常私下會面，有次共餐的時候，她說：「我腸枯思竭，沒有任何嶄新的靈感。想要不斷創作新曲，真是一件不容易的事。」

對我來說，松任谷由實是一個傳說，然而她其實是一個活生生的女性，是一位創作人，她掙扎奮鬥的身姿，令我感動。然後她又說，無論累積多少的經驗，當一件真正好作品誕生時，真的是打從心底高興。自己也身為一個女人和創作人，她的態度帶給我許多力量。

那時，她還提到「令人懷念的未來」。

「創作全新作品時，只能從根本、過去當中尋找新事物。」

雖然我參與各種不同的工作，但總覺得自己是第一次參與，所以設法回到似曾相識的場所。所以當我聽到松任谷由實說出這種說法時，我深深贊同。

過去の中に見つける新しさ

從過去找到嶄新

松任谷由實的成長過程和我相似。她就讀天主教的國中和高中，畢業於美術大學。第五章中曾提到天主教系統的學校重視歌唱和繪畫，每逢宗教節日，例如「今天是聖母瑪利亞的日子，大家一起來唱歌」，主事者會帶領大家唱歌，或是「聖誕節即將來臨，一起來製作月曆」，帶領大家畫圖。人生路途上，每逢感謝、欣喜、傷悲之時，總有歌唱和繪畫相伴。我和松任谷由實都在童年時期，體驗這種生活。

然而，就讀天主教女子學校，對於千金小姐般的生活，我們都抱持著叛逆的態度，深受搖滾、強而有力的事物吸引，所以都進入美術大學。後來，松任谷由實朝著音樂方向發展，我則選擇作畫，但是都像是溫柔有力的聖母瑪利亞，運用簡單明瞭的方式表達清晰鮮明的訊息，在主要的媒介上廣為傳播，並將這項工作視為自己的使命。

其實，聖經或聖歌並非都是神聖無瑕。舊約聖經的第四章當中，亞當和夏娃有兩個兒子，兄弟二人爭奪上帝的寵愛，由於心生嫉妒，哥哥殺死了弟弟。我在小學一、二年級時讀到這則故事，當時還是個孩子，讀到哥哥竟然殺死弟弟時，不敢置信，內心激動不已。後來，哥哥遭到了放逐，我又覺得上帝居然做出這種決定，非常驚訝。書中的插圖相當嚇人。舊約聖經都是奇幻故事。摩西分海、諾亞方舟，都是孩童讀起來樂趣無窮的故事，其中還有歌曲，還有圖畫。

和松任谷由實相遇，我重新體認到自己表現方式的根基，在於編寫故事，或是在故事中注入寓意，如果能夠透過歌曲和繪畫，就一定能打動人心。然而松任谷由實早就已經明白這點，並利用這種力量，繼續表現自己。

このときでなければつくれない世界がある
唯有當下能夠打造而成的世界

松任谷由實在二〇一三年發行的專輯《POP CLASSICO》，就是在兩人相互了解對方的成長經歷之下，一起打造而成的。最初我接獲的訊息是這張專輯的概念就是《POP CLASSICO》。乍看之下「POP」和「CLASSICO」是反義詞，而且我還得設計成「看似簡單，卻越看越不明白的世界」。

當下我決定只以文字設計，於是打開舊約聖經，串聯起聖經當中的所有要素。結果，我發現聖經中的古老裝飾看起來像是水母或深海生物，想必造型靈感來自這些生物。有了這項發現，所有事物都顯得趣味十足。聖經世界的不可思議、聖經世界的每則故事，都注入在每個文字當中。所有的裝飾文字，相互串聯，彷彿是從《POP CLASSICO》的「P」開始發展的故事。

主題是以深海為舞台，精子和卵子相遇，受精、著床，胎兒出世等過程的神秘故事，擺在裝飾各種大海生物的文字上。簡報用的小冊子，我大量使用拼貼，再加上我親手繪製的圖畫和文字。總製作人松任谷正隆更為精簡每個文字當中所含故事的細節，然後修正設計，終告完成。專輯封面是以原畫為本，製成二〜三公尺大小的立體道具，進行拍攝。

這項設計不僅用於專輯封面，也用於宣傳的音樂錄影帶中，表現出從太古時代，脈脈相傳的生命誕生奇蹟，也是所有人類歷經的宇宙之旅。

這項設計的誕生來自三一一東北大地震經驗，以及在過去之中尋找新事物的「令人懷念的未來」。換言之，所有事物都是相關串聯的。同時，從二〇一三年開始，無論是「組曲」、新垣結衣的佳能「EOS M2」廣告，或是三谷幸喜的舞台劇《聲》美術設計等，我都親自繪製草圖。自己的名字中有個「繪」字，我不能辜負這個名字。

我認為《POP CLASSICO》達到自己的期望。其實很久以前，唱片公司曾經委託我設計專輯封面，那時松任谷由實還不認識我，我又正好在參與Mr.Children的專輯封面工作，所以並未答應承接。不過，那時的畫技可能無法達到目前的層次。所以時機是非常重要的。

なぜ、世の中にヒーローやアイドルが必要なのか
為什麼世界上需要偶像和英雄

我認為有真本事、真功夫的真品才是英雄，真品能夠「震懾一切」。而且，這種

能夠震懾一切的真品絕非速成，必須經過時間環境逐漸養成。

雖然我是天主教徒，前些日子，我必須在不動明王前誦經。當時我仍在思索「什麼是震懾一切」？

無論是神社、寺廟或是教堂，如果空間內空無一人，充其量就是一幢建築物罷了。可是，當人在建築物中祈求願望，相信神明的信念逐漸累積，建築物就會成為神聖的場所。東京鐵塔或太陽塔也是在許多人的仰望之下，成為一種象徵。

同樣道理，自己作品的價值，會隨著各個時代的觀點而有所變化。作品長期累積各種人的想法和願望，或是成為某人的持有物，慢慢變成為名副其實的「真品」。想要成為真品，身為創作人，一開始就必須真心製作，因為這樣的物品才會吸引許多人聚集前來，甚至許下願望。

「超人力霸王」也好，「原子小金剛」也好，因為作者是真心打造出這些英雄，期待帶給人類希望，覺得「如果是原子小金剛，一定可以為人類解決問題」、「如果有多啦A夢，未來就會改變」；所以人類相信這些英雄，那些「人、事、物」是否為正確的解決方法，或是否真正存在，其實都無所謂，因為身負眾人的願望，所以擁有力量。如此定義「英雄」的話，教堂、神社都是英雄，只要能夠散發能量，吸引眾人前來祈願，都能算是「英雄」。所以，震懾一切的英雄、萬眾服膺的偶像、眾人祈求的夢想，這是每個時代都不可或缺的。

相反地，如果無法獲得祈願、信仰、尊敬，就無法震懾一切。

現在這個時代，很難遇見能夠震懾一切的人。每個人都做夢，每個人都能夠成為偶像，這樣當然很好，然而昭和時期的偶像擁有迷倒眾生的魅力，創作歌曲的作詞家也都對自己的職業感到自豪。「大家都做得到」、「大家一起創作的喜悅」，當然可算是美好的時代，因為透過工作坊，我深深感受到每個人都能夠參加的好處。然而，我仍然憧憬希望有個無人能出其右、獨一無二、萬眾服膺的象徵。

每個人都能夠平等受教，所以不易出現萬眾服膺的人物。正因為時代的潮流如此，眾人才更期待這號人物的出現。我希望遇見這號人物，並成為溝通橋樑，廣為傳達這些真品的傑出之處。

明日、死ぬかもしれないという覚悟で
必須要有可能活不過明天的覺悟

二〇一五年，goen°迎接成立第九年。維持公司的營運實在不容易。

兩位新設計師進入公司任職，雖然是新人，我卻無事可教。因為，每次的工作都是初次嘗試，所以沒有可交辦接手的工作。或許將同樣的工作規則化，決定森本模式的做事方式，就像書籍裝幀步驟一樣的話，會比較輕鬆。可是，工作的委託來源等，每次的方式都不盡相同，我自己本身也不斷變化。雖然，從博報堂時期，我仍然堅持相同的主張，但是進行方式隨著狀況不同，則會大幅度改變。

我不知道自己的未來會如何改變，但是我不畏懼改變，只要好浪前來，我希望自己隨時都已準備萬全，乘浪而起。

我的話看似一再重複，因為我只是一心想創作真正美好的事物。我不希望明天病倒，或是就此離開人世，或是明日失去最重要的人時，自己的作品是羞於見人

森本千絵

的。我絕不容許自己的作品有愧於生命。

這股志氣，在面對牽涉金錢的工作時，可能消失、褪色、迷失方向。不過，只要想到明日可能死亡，我就會堅定意志，打造有益身心的傑出作品。只要這股信念堅定，應該就沒有問題。

各位請想想，在一張白紙上畫圖，那幅圖畫將會化為具體。為了實踐計畫，即使勞心勞力，令人欲哭無淚；但是當腦中的想法成形時，就能透過實際物品，遇見從未見過的人。這種不期而遇，甚至令人覺得根本就是命中注定；但是這種奇遇真的隨處都在發生。

如同沖繩防波堤的姐妹所說「當有所行動時，想要動手畫，想要表達，這一連串的過程或許才是最重要的」。在設法表達傳遞想法的過程當中，就會誕生金澤老婆婆所說的「緣分」。換言之，為了遇上「緣分」，才有這些過程。

無論契機是來自工作，或是來自白紙圖畫所產生的相遇，結果都會為自己的人生反饋重要意義。所以每每持筆坐在白紙前時，我總是忐忑不安。因為，即將畫下的事物將發生在現實當中，因為作畫就是一段緣分的開始。

見たい夢が、いつも私をその先に

夢想引領我向前邁進

透過本書，回想自己以往的工作，自己透過各種方式，實踐了「描繪未來藍圖，並進而化為現實」。為了實踐更美好的未來，我希望改造人類的核心和根本。

許多科幻片，在描繪製作的當時都還是空想，後來卻有不少化為現實，例如火箭或手機。這些都歸功於當時作家或導演的想像，希望能夠有這樣的物品，然後技術進步而實現。如果最初沒有撰寫故事的人，未來是不會改變的。

我無法因單純作畫而獲得滿足，我希望描繪出大家的夢想，描繪出領先半步的世界。

所以，即使是在困境中描繪出的畫作，將來可能成為牽引自己的韁繩，或是成為導引方向的地圖。對於自己尚未抵達的境界，尚未完成的事情，我可以先畫下成形，以便牽引自己前進。所以我不畫眼前的世界，或是不可能到手的桃花源。如果各位覺得我的圖畫非常美好，並非我看過如此美好的世界，而是我希望前往那樣的世界，所以我畫在紙上。

本書第一章中，我寫下如果有兩種選擇，我會選擇光明的一方。

我常使用開心的事物，溫和的顏色，所以常有人認為我是個開心溫和的人。但是真正光明的人，無法打造出光明的事物。我其實非常自卑，不夠獨立自主，心中懷抱邪惡和黑暗，所以我比任何人都想要前往光明的一方，所以持續製作光明的作品。為了描繪夢想，所以總是望向未來。

おわりのことば
結語

メインストリームの中で表現し続ける

在主要夢想中，不斷傳達

二〇一四年七月，我舉行結婚典禮（卷首插圖Ⅲ9）。為了準備結婚典禮，我卯足全勁，後來猛然發現，我竟然怠於工作約四個月，也未參與任何影像的演出。

可是，這場結婚典禮，促使我重新確認創作上的重要想法。

結婚典禮之後，出席參加的松任谷正隆先生說道：「我從沒見過結婚典禮上的新娘看起來如此客觀，妳根本將這場典禮視為工作吧？」

的確如此。雖然說是自己的結婚典禮，準備過程和工作完全相同。我先在素描簿上畫下理想，撰寫企畫書，和共同編織故事的創作人討論無數次，一邊溝通，一邊整理想法，進而拓展，打造「結婚典禮」。喜宴上，新郎新娘在各自的過往人生當中相遇的人齊聚一堂。這次的喜宴不僅是家人親友出席參加，顧客的社長和各界高層人士也都出席。所以，為了取悅所有客人，無論孩童也好，或是社長層級也好，我希望打造一個全員都能享受和感動的娛樂活動。不過，說到感動，如果自己過於感動，反而會嚇到觀者，所以適度穿插歡笑和感動，像是製作一部喜劇電影。

整個過程非常耗時耗力，超乎想像。可是，從以往的工作中學到的平面設計工具、空間的打造方式、活動的形式，都正好派上用場。真心打造任何人都能享受的時間和空間，真的非常有趣。我再次確認這就是自己想從事的工作。

現在的時代，想要表現自己時，無須透過大型媒體，經由社群網站或是YouTube，每個人都能夠輕鬆發表自己的設計。透過這次結婚典禮，我體認到並非懂者自懂，而是要以每個人都能享受的主流一決勝負，主軸運用感動人心的表現，這才是真正的樂趣。

無論是音樂、電影、戲劇等各種表現，能夠在主流一決勝負的人，能夠不斷回應期待。例如演藝界的野田秀樹、蜷川幸雄、三谷幸喜；音樂界的Mr.Children、松任谷由實；電影界則是山田洋次導演、是枝裕和導演等，每個人都在自己的作品當中加入藝術、實驗，或是異常，確定故事核心，在自己的工作崗位上不斷回應大眾的期待。這種精神實在驚人，而且跨越領域藩籬，具有搖滾態度，常人絕對難以仿效。我也期許自己能夠成為在主流奮鬥的創意總監。

心の故郷と懐かしい未来
內心故鄉和令人懷念的未來

準備結婚典禮的過程中，我另有一個感受；自己是抱著必死的感受，設法碰觸生存的部分。設計「活著」，我集合各種「活著究竟為何」的相關想法；甚至可說，我以感受死亡的方式，以便達到活著的最高潮。我和優秀的影像工作人員共事時，有時會瞬間感受到自己將死、甚至已經死亡。這種感覺難以言喻，就像是生死交關、徘徊在陰陽兩界。

活著卻感受到死亡，注視著生死循環。

猛然覺得這是我最近關心的主題之一。

緣定的結婚對象出生、成長於奄美大島。不僅是奄美大島，日本的許多地方都有自古相傳的傳說。例如奄美的木妖，遠野的河童。雖然不知道是否真的存在，可是這些故事已經扎根在那片土地，到了當地，就能夠聽聞感受到。

從小就聽聞這些傳說和故事，體內就有相信夢幻的能力，也就擁有描繪夢想的能力。故事傳衍的場所，就會是心靈歸屬的故鄉。很可惜地，現在的東京似乎再也不見古老傳說，雖然有許多都市傳說代之興起，可是，說實在地，應該無法成為心靈歸屬的故鄉。

幻想是心靈的避風港。奄美大島的方言「NERIYAKANAYA」、沖繩的方言「NIRAIKANAI」，都是指人生結束之後、在大海彼岸的靈魂歸處，也是生命起源，桃花源。就像是聖誕老人，雖然不必相信是否真有其人，但是如果選擇相信，故事留存心中，可以讓人生更輕鬆。雖然家人親友過世令人悲傷難過，但是將來自己也將死去，就能夠重逢。如此一想，就覺得必須確實「活在當下」。

不僅是琉球的文化，各國都有和亡者交流的不同文化。我在斯德哥爾摩所見的墓前，都有一方餐墊大小的花園，種著各自喜好的花朵，隨著季節綻放不同的花朵；並非擺上花瓶插鮮花，是讓植物從根生長。有些花園充滿綠意，有些則穿插配置黃花和玫瑰，俏皮可愛，每座墓都各異其趣。望著這些花園，彷彿看見亡者的臉孔，還能夠得知亡者生前的人品，家人對亡者的關愛，甚至看見亡者周圍人士的臉孔。每座墓就是一個家族的故事，各有不同，各有和亡者交流的形式。我深深覺得感動。

不劃清陰陽界線，即使過世仍然繼續交流，提供我將來創作幻想和現實之間故事的靈感。前言寫到在創作當中，設計活著和接觸死亡相關，設計松任谷由實專輯《POP CLASSICO》誕生主題的圖像，「靈魂歸處」是「生命起源」，陰陽界相連，都不約而同地和松任谷由實所說的「令人懷念的未來」，具有異曲同工之妙。

認識松任谷由實、結婚等對我而言，正好提供思考創作「生命起源場所」的契機。

回想過去，國中就夢想進入廣告界，也如願進入廣告界，並參與許多工作。真的衷心感謝許多「緣分」的牽線，讓自己經歷寶貴的經驗。不過，每次我都覺得自己腦汁絞盡、體力耗盡、身心交瘁。所以現在我深刻體認到如果自己想要在主流繼續奮戰，身為女性、創作人，我就必須壯大這身創作母體的能量，然後更需好好迎接、培養體內孕育的事物。

藉著結婚之便，我搬到靠近大自然的透天厝。獨立開業時，goen。辦公室位於表參道上大廈的其中一層，現在一併移至新居一隅，工作人員和 goen。都改頭換面，重新開始。

如果說以往的 goen。是在花盆中栽植，然後開花結果；現在已經更換土壤的我，接下來將會滲入土壤，確實扎根，吸收世界的各種事物，描繪出過去和未來、生和死等巨大循環的印象藍圖，讓母體的能量能夠豐富多彩。如此一來，我的體內將進駐、誕生嶄新事物，任何人欣賞我的作品，都能夠觸及深處，豐富內心。

未來，我將創作哪種影響時代又令人覺得懷念的幻想呢？我自己也非常期待。

森本千絵

あとがき
後記

只有獨自一人絕對無法創作任何事物，這次藉由文字撰寫，感觸甚多。

工作和技巧有各種方式進行，然而專業之前，首先要想到人生方向和發現。

人類有心有思想，命運如何左右，每個人如何迎戰、前進，各有所異。

創作這本書時，我的肚子裡正在孕育一個新生命。對女人而言，這是無可取代的創作，相信當我成為母親之後，將有更多新想法加入自己的文字當中。我希望自己可以不斷超前邁進。

能夠以自己的話語撰寫這本書，多虧葛西薫先生的鼓勵，在日本，他是我最尊敬的人。感謝他，這本書才能夠擁有氣息，和大家相遇。保守卻是真實體驗的文字，都化為寶物。

衷心感謝葛西先生的細心和設計（此指日文版本）。

Morimoto Chie

此外，也感謝設計師增田豐。

謝謝統籌歸納本書構成的川口美保小姐。

兩人都經歷搬家和結婚，著實想念聊天談心的時間。

衷心感謝川口小姐。每次開會討論，我的想法都有所改變，仍耐心應對編輯，將我的想法以最貼我心的形式，忠實呈現。

此外，不同凡響卻有些羞於見人的書名，謝謝文案寫手林裕先生。我和他的深厚交情從博報堂時代持續至今。

此外，謝謝向我尋求「技術」而願意出書的 Sunmark 出版的武田伊智朗先生、桑島曉子小姐。

謝謝兩位耐心等候對出書躊躇不前的我，總是笑顏面對任何停滯延遲。謝謝兩位

森本千絵

不斷鞭策我，令我重新注意到許多事物。

最感謝各位讀者。

謝謝各位陪我閱讀這些瑣事累積而成的故事。
如果能夠為各位提供感動內心的事物，則甚幸。
希望各位讀者在書中找到「良緣」。
最後希望各位都能放手一搏，充實度過明天。

森本千繪

森本千繪｜**MORIMOTO CHIE**｜日本知名設計師、藝術總監、goen°設計事務所負責人。一九七六年生，從小與熱愛音樂的祖父一起生活，祖父教她將快樂及重要的事情轉換成歌曲和顏色，這對她日後創作有很大的影響。武藏野美術大學畢業後，進入日本第二大廣告公司博報堂與博報堂creative box Inc，二〇〇二年以Mr.Children的電車車廂廣告榮獲東京ADC賞，二〇〇三年上市的「8月麒麟」氣泡酒，是她首件包裝設計作品。二〇〇七年以「發明相遇，實現夢想，為人搭起溝通的橋樑」為目標，成立設計工作室goen°。除了擔任goen°的藝術總監外，同時身兼知名藝人如Mr.Children、Salyu、坂本美雨（Sakamoto Miu）等歌手專輯的平面設計，也擔任過廣播節目主持人、知名廣告雜誌《廣告批評》美術設計，創作兒童繪本，甚至與建築家如限研吾攜手都市空間企畫，遊走於各種媒體和空間之中，是個多元創作者。

二〇〇四年，森本千繪榮獲日本平面設計師協會（JAGDA）新人賞大獎，會長勝井三雄（Katsui Mitsuo）讚譽她：「以一種前所未有的步伐前進。她的作品帶有一種多元交流的特別風格，而她在策畫階段就和團隊成員一起創作。與其說要從作品中得到什麼提示，不如看清一個事實，她利用了人的資源，完全超越了個體的界限。」多才多藝的森本千繪曾經參與製作三得利咖啡「BOSS Silky Black」電視廣告、佳能「無反光鏡相機EOS M」的電視廣告影片、NHK晨間連續劇《幸福鐵板燒》片頭影像等；受邀策畫三越伊勢丹百貨母親節活動「goen° plant planet」；擔任松任谷由實（Matsutoya Yumi）演唱會、專輯的宣傳設計，以及負責三谷幸喜（Mitani Koki）監製的舞台劇《聲》的美術監製。

森本千繪與名導演是枝裕和（Koreeda Hirokazu）是「好鄰居」，也是工作上的協力夥伴，《空氣人形》、《海街日記》的電影宣傳品、寫真集等平面設計都出自森本千繪，她細膩地運用視覺與媒材，塑造出獨特的氛圍，給人留下深刻印象。設計師佐藤可士和（Sato Kashiwa）與森本千繪在博報堂曾短暫共事，佐藤可士和特別注目完整呈現森本千繪世界觀、作品與活動誕生地的「goen°」。他說森本千繪「是後輩，是朋友，也是讓我見識到女性創作者可能性的重要人物」。311大地震重創日本，舉國悲痛，當時由多位歌手接力演唱〈昂首向前走〉、〈昂首望夜空的星星〉的電視廣告，鼓舞了全日本，這支廣告的背後超刀者就是森本千繪。

森本千繪獲獎無數：紐約ADC賞、東京ADC賞、ONE SHOW金牌獎、亞太廣告節金牌獎、ACC CM FESTIVAL 五十週年特別獎「最佳藝術監製獎」；二〇〇一年，獲得《日經WOMAN》年度最佳女性銀獎；二〇一二年榮獲第四屆伊丹十三獎（歷屆得獎者有糸井重里〔Itoi Shigesato〕、塔摩利〔Tamori〕、是枝裕和等），是首位獲獎的女性，也是最年輕的得獎者。東京ADC、JAGDA、東京TDC會員。武藏野美術大學客座教授。著有《歌唱作品集》（うたう作品集，誠文堂新光社）、《如果和母親生活》（母と暮せば，山田洋次〔Yamada Yoji〕合著，講談社）等。

蔡青雯｜譯者｜日本慶應義塾大學美學美術史系學士。目前專職口譯與筆譯。

王志弘｜選書、設計｜平面設計師，AGI會員。致力於將字體設計融入到設計項目中，涉及文化和商業領域。他與出版社合作推出了自己的出版品牌，以國際知名藝術家的翻譯書籍和他們的作品為特色，包括荒木經惟、大竹伸朗、橫尾忠則、中平卓馬和COME des GARÇONS。主要獲獎包括：英國D&AD木鉛筆、紐約ADC銀獎、紐約TDC獎、東京TDC提名獎、韓國坡州出版美術獎、香港HKDA葛西薰評審獎及台北國際書展金蝶獎六金獎、二銀獎、三銅獎。設計作品曾於日本 21_21 DESIGN SIGHT 展出（もじ イメージ Graphic 展，二〇二三年）著有《Design by wangzhihong.com》。

http://wangzhihong.com

SOURCE SERIES

1 鯨魚在噴水｜佐藤卓
2 就是喜歡！草間彌生｜Pen 編輯部
3 海海人生！橫尾忠則自傳｜橫尾忠則
4 可士和式｜天野祐吉、佐藤可士和
5 決鬥寫真論｜篠山紀信、中平卓馬
6 COMME des GARÇONS 研究｜南谷繪里子
7 1972青春軍艦島｜大橋弘
8 日本寫真50年｜大竹昭子
9 製衣｜山本耀司
10 背影的記憶｜長島有里枝
11 一個嚮往清晰的夢｜Wibo Bakker
12 東京漂流｜藤原新也
13 看不見的聲音，聽不到的畫｜大竹伸朗
14 我的手繪字｜平野甲賀
15 Design by wangzhihong.com｜王志弘
16 為何是植物圖鑑｜中平卓馬
17 我在拍電影時思考的事｜是枝裕和
18 色度｜Derek Jarman
19 想法誕生前最重要的事｜森本千繪
20 朱紅的記憶：龜倉雄策傳｜馬場真人
21 字形散步 走在台灣：路上的文字觀察｜藤本健太郎
22 改變日本生活的男人：花森安治傳｜津野海太郎
23 建構視覺文化的13人｜idea 編輯部
24 無邊界：我的寫真史｜細江英公
25 我思我想：我的寫真觀｜細江英公
26 球體寫真二元論：我的寫真哲學｜細江英公
27 製作文字的工作｜鳥海修
28 瑪莉娜・阿布拉莫維奇死後｜James Westcott
29 創意競擇｜Ken Kocienda
30 塑思考｜佐藤卓
31 與希林攜手同行｜是枝裕和
32 我的插畫史：1960–1980｜南伸坊
33 美好的炸藥家醜｜末井昭
34 Dieter Rams：作品全集｜Klaus Klemp

（完）

Source 19

アイデアが生まれる、一歩手前のだいじな話

想法誕生前最重要的事　森本千絵

譯者：蔡青雯
選書、設計：王志弘
事業群總經理：謝至平
發行人：何飛鵬

發行：英屬蓋曼群島商家庭傳媒股份有限公司城邦分公司
台北市南港區（一一五六三）昆陽街十六號四～八樓
讀者服務專線：〇二—二五〇〇—七七一八
〇二—二五〇〇—七七一九
服務時間：週一至週五　〇九：三〇～一二：〇〇
一三：三〇～一七：三〇
二十四小時傳真服務：〇二—二五〇〇—一九九〇
〇二—二五〇〇—一九九一
讀者服務電子信箱：service@readingclub.com.tw
劃撥帳號：一九八六三八一三　書虫股份有限公司
英屬蓋曼群島商家庭傳媒股份有限公司城邦分公司
城邦網址：http://www.cite.com.tw

香港發行：城邦（香港）出版集團
香港九龍土瓜灣土瓜灣道八十六號
順聯工業大廈六樓A室
電話：八五二—二五〇八—六二三一
傳真：八五二—二五七八—九三三七
電子信箱：hkcite@biznetvigator.com
馬新發行：城邦（馬新）出版集團
Cite (M) Sdn. Bhd. (458372 U)
41, Jalan Radin Anum, Bandar Baru Sri Petaling,
57000 Kuala Lumpur, Malaysia
電話：六〇三—九〇五七—八八二二
傳真：六〇三—九〇五七—六六二二
電子信箱：cite@cite.com.my

二版一刷：二〇二四年五月　定價：新台幣四五〇元
國際標準書號：九七八—六二六—三一五—四八〇—三